HAMBURGER LESEHEFTE

PLUS

TEXT UND MATERIALIEN

GERHART HAUPTMANN

BAHNWÄRTER THIEL

Novellistische Studie

HLV

Bange Verlag

HAMBURGER LESEHEFTE PLUS
KÖNIGS MATERIALIEN
524. HEFT

Zur Textgestaltung

Der Text dieser Ausgabe folgt der von Hans Egon Hass und Martin Machatzke herausgegebenen Centenarausgabe der *Sämtlichen Werke* Gerhart Hauptmanns, die zwischen 1966 und 1974 im Propyläen Verlag, Frankfurt am Main, erschienen ist. Die Rechtschreibung wurde den neuen amtlichen Rechtschreibregeln behutsam angeglichen.

Analysiert und interpretiert wird *Bahnwärter Thiel* in Königs Erläuterungen, 978-3-8044-1930-8, C. Bange Verlag.

1. Auflage 2022

Alle Drucke dieser Ausgabe und die der Hamburger Lesehefte sind untereinander unverändert und können im Unterricht nebeneinander genutzt werden.

Heftbearbeitung Text: Elke und Uwe Lehmann
Heftbearbeitung Materialien: Dr. Oliver Pfohlmann
Umschlaggestaltung und Layout: Petra Michel
Umschlagzeichnung: Isa Dietrich
Druck und Weiterverarbeitung: Husum Druck- und Verlagsgesellschaft, Husum

ISBN 978-3-8044-2575-0

www.bange-verlag.de

ISBN 978-3-87291-523-8

www.verlagsgruppe.de

INHALT

TEXT

← Die Pfeile verweisen auf Anmerkungen im Anhang.
Kurze Worterläuterungen stehen direkt neben dem Text.

I

Allsonntäglich saß der Bahnwärter Thiel in der Kirche zu Neu-Zittau, ausgenommen die Tage, an denen er Dienst hatte oder krank war und zu Bette lag. Im Verlaufe von zehn Jahren war er zweimal krank gewesen; das eine Mal infolge eines vom Tender einer Maschine während des Vorbeifahrens herabgefallenen Stückes Kohle, welches ihn getroffen und mit zerschmettertem Bein in den Bahngraben geschleudert hatte; das andere Mal einer Weinflasche wegen, die aus dem vorüberrasenden Schnellzuge mitten auf seine Brust geflogen war. Außer diesen beiden Unglücksfällen hatte nichts vermocht, ihn, sobald er frei war, von der Kirche fernzuhalten.

Tender
Vorratswagen der Lokomotive für Kohlen

Die ersten fünf Jahre hatte er den Weg von Schön-Schornstein, einer Kolonie an der Spree, herüber nach Neu-Zittau allein machen müssen. Eines schönen Tages war er dann in Begleitung eines schmächtigen und kränklich aussehenden Frauenzimmers erschienen, die, wie die Leute meinten, zu seiner herkulischen Gestalt wenig gepasst hatte. Und wiederum eines schönen Sonntagnachmittags reichte er dieser selben Person am Altare der Kirche feierlich die Hand zum Bunde fürs Leben. Zwei Jahre nun saß das junge, zarte Weib ihm zur Seite in der Kirchenbank; zwei Jahre blickte ihr hohlwangiges, feines Gesicht neben seinem vom Wetter gebräunten in das uralte Gesangbuch –; und plötzlich saß der Bahnwärter wieder allein wie zuvor.

An einem der vorangegangenen Wochentage hatte die Sterbeglocke geläutet; das war das Ganze.

An dem Wärter hatte man, wie die Leute versicherten, kaum eine Veränderung wahrgenommen. Die Knöpfe seiner sauberen Sonntagsuniform waren so blank geputzt als je zuvor, seine roten Haare so wohlgeölt und militärisch gescheitelt wie immer, nur dass er den breiten, behaarten Nacken ein wenig gesenkt trug und noch eifriger der Predigt lauschte oder sang, als er es früher getan hatte. Es war die allgemeine Ansicht, dass ihm der Tod seiner Frau nicht sehr nahegegangen sei; und diese Ansicht erhielt eine Bekräftigung, als sich Thiel nach Verlauf eines Jahres zum zweiten Male, und zwar mit einem dicken und starken Frauenzimmer, einer Kuhmagd aus Alte-Grund, verheiratete.

Auch der Pastor gestattete sich, als Thiel die Trauung anzumelden kam, einige Bedenken zu äußern:

„Ihr wollt also schon wieder heiraten?"

„Mit der Toten kann ich nicht wirtschaften, Herr Prediger!"

„Nun ja wohl. Aber ich meine – Ihr eilt ein wenig."

„Der Junge geht mir drauf, Herr Prediger."

Thiels Frau war im Wochenbett gestorben, und der Junge, welchen sie zur Welt gebracht, lebte und hatte den Namen Tobias erhalten.

Tobias der Name bedeutet hebräisch „die Güte Jahwes"

„Ach so, der Junge", sagte der Geistliche und machte eine Bewegung, die deutlich zeigte, dass er sich des Kleinen erst jetzt erinnere. „Das ist etwas andres – wo habt Ihr ihn denn untergebracht, während Ihr im Dienst seid?"

Thiel erzählte nun, wie er Tobias einer alten Frau übergeben, die ihn einmal beinahe habe verbrennen lassen, während er ein anderes Mal von ihrem Schoß auf die Erde gekugelt sei, ohne glücklicherweise mehr als eine große Beule davonzutragen. Das könne nicht so weitergehen, meinte er, zudem da der Junge, schwächlich wie er sei, eine ganz besondre Pflege benötige. Deswegen und ferner, weil er der Verstorbenen in die Hand gelobt, für die Wohlfahrt des Jungen zu jeder Zeit ausgiebig Sorge zu tragen, habe er sich zu dem Schritte entschlossen. –

Gegen das neue Paar, welches nun allsonntäglich zur Kirche kam, hatten die Leute äußerlich durchaus nichts einzuwenden. Die frühere Kuhmagd schien für den Wärter wie geschaffen. Sie war kaum einen halben Kopf kleiner als er und übertraf ihn an Gliederfülle. Auch war ihr Gesicht ganz so grob geschnitten wie das seine, nur dass ihm im Gegensatz zu dem des Wärters die Seele abging.

Wenn Thiel den Wunsch gehegt hatte, in seiner zweiten Frau eine unverwüstliche Arbeiterin, eine musterhafte Wirtschafterin zu haben, so war dieser Wunsch in überraschender Weise in Erfüllung gegangen. Drei Dinge jedoch hatte er, ohne es zu wissen, mit seiner Frau in Kauf genommen: eine harte, herrschsüchtige Gemütsart, Zanksucht und brutale Leidenschaftlichkeit. Nach Verlauf eines halben Jahres war es ortsbekannt, wer in dem Häus- ← chen des Wärters das Regiment führte. Man bedauerte den Wärter.

← Es sei ein Glück für „das Mensch", dass sie so ein gutes Schaf wie den Thiel zum Manne bekommen habe, äußerten die aufgebrachten Ehemänner; es gäbe welche, bei denen sie gräulich anlau- ← fen würde. So ein „Tier" müsse doch kirre zu machen sein, meinten sie, und wenn es nicht anders ginge, denn mit Schlägen. Durchgewalkt müsse sie werden, aber dann gleich so, dass es zöge.

Sie durchzuwalken aber war Thiel trotz seiner sehnigen Arme nicht der Mann. Das, worüber sich die Leute ereiferten, schien ihm wenig Kopfzerbrechen zu machen. Die endlosen Predigten seiner Frau ließ er gewöhnlich wortlos über sich ergehen, und wenn er einmal antwortete, so stand das schleppende Zeitmaß sowie der leise, kühle Ton seiner Rede in seltsamstem Gegensatz zu dem kreischenden Gekeif seiner Frau. Die Außenwelt schien ihm wenig anhaben zu können: es war, als trüge er etwas in sich, wodurch er alles Böse, was sie ihm antat, reichlich mit Gutem aufgewogen erhielt.

Trotz seines unverwüstlichen Phlegmas hatte er doch Augenblicke, in denen er nicht mit sich spaßen ließ. Es war dies immer anlässlich solcher Dinge, die Tobiaschen betrafen. Sein kindgutes, nachgiebiges Wesen gewann dann einen Anstrich von Festigkeit, dem selbst ein so unzähmbares Gemüt wie das Lenens nicht entgegenzutreten wagte. →

Die Augenblicke indes, darin er diese Seite seines Wesens herauskehrte, wurden mit der Zeit immer seltener und verloren sich zuletzt ganz. Ein gewisser leidender Widerstand, den er der Herrschsucht Lenens während des ersten Jahres entgegengesetzt, verlor sich ebenfalls im zweiten. Er ging nicht mehr mit der früheren Gleichgültigkeit zum Dienst, nachdem er einen Auftritt mit ihr gehabt, wenn er sie nicht vorher besänftigt hatte. Er ließ sich am Ende nicht selten herab, sie zu bitten, doch wieder gut zu sein. – Nicht wie sonst mehr war ihm sein einsamer Posten inmitten des märkischen Kiefernforstes sein liebster Aufenthalt. Die stillen, hingebenden Gedanken an sein verstorbenes Weib wurden von denen an die Lebende durchkreuzt. Nicht widerwillig, wie die erste Zeit, trat er den Heimweg an, sondern mit leidenschaftlicher Hast, nachdem er vorher oft Stunden und Minuten bis zur Zeit der Ablösung gezählt hatte.

Er, der mit seinem ersten Weibe durch eine mehr vergeistigte Liebe verbunden gewesen war, geriet durch die Macht roher Triebe in die Gewalt seiner zweiten Frau und wurde zuletzt in allem fast unbedingt von ihr abhängig. – Zuzeiten empfand er Gewissensbisse über diesen Umschwung der Dinge, und er bedurfte einer Anzahl außergewöhnlicher Hilfsmittel, um sich darüber hinwegzuhelfen. So erklärte er sein Wärterhäuschen und die Bahnstrecke, die er zu besorgen hatte, insgeheim gleichsam für geheiligtes Land, welches ausschließlich den Manen der Toten gewidmet sein sollte. → Mit Hilfe von allerhand Vorwänden war es ihm in der Tat bisher gelungen, seine Frau davon abzuhalten, ihn dahin zu begleiten.

Er hoffte es auch fernerhin tun zu können. Sie hätte nicht gewusst, welche Richtung sie einschlagen sollte, um seine „Bude", deren Nummer sie nicht einmal kannte, aufzufinden.

Dadurch, dass er die ihm zu Gebote stehende Zeit somit gewissenhaft zwischen die Lebende und die Tote zu teilen vermochte, beruhigte Thiel sein Gewissen in der Tat.

Oft freilich und besonders in Augenblicken einsamer Andacht, wenn er recht innig mit der Verstorbenen verbunden gewesen war, sah er seinen jetzigen Zustand im Lichte der Wahrheit und empfand davor Ekel.

Hatte er Tagdienst, so beschränkte sich sein geistiger Verkehr mit der Verstorbenen auf eine Menge lieber Erinnerungen aus der Zeit seines Zusammenlebens mit ihr. Im Dunkel jedoch, wenn der Schneesturm durch die Kiefern und über die Strecke raste, in tiefer Mitternacht beim Scheine seiner Laterne, da wurde das Wärterhäuschen zur Kapelle.

Eine verblichene Fotografie der Verstorbenen vor sich auf dem Tisch, Gesangbuch und Bibel aufgeschlagen, las und sang er abwechselnd die lange Nacht hindurch, nur von den in Zwischenräumen vorbeitobenden Bahnzügen unterbrochen, und geriet hierbei in eine Ekstase, die sich zu Gesichten steigerte, in denen er die Tote leibhaftig vor sich sah.

←

Ekstase *(griech.)* Verzückung, religiöse Begeisterung

mystisch aus dem Griechischen: religiös geheimnisvoll

Barriere *(frz.)* Schranke, Schlagbaum

Der Posten, den der Wärter nun schon zehn volle Jahre ununterbrochen innehatte, war aber in seiner Abgelegenheit dazu angetan, seine mystischen Neigungen zu fördern.

Nach allen vier Windrichtungen mindestens durch einen dreiviertelstündigen Weg von jeder menschlichen Wohnung entfernt, lag die Bude inmitten des Forstes dicht neben einem Bahnübergang, dessen Barrieren der Wärter zu bedienen hatte.

Im Sommer vergingen Tage, im Winter Wochen, ohne dass ein menschlicher Fuß, außer denen des Wärters und seines Kollegen, die Strecke passierte. Das Wetter und der Wechsel der Jahreszeiten brachten in ihrer periodischen Wiederkehr fast die einzige Abwechslung in diese Einöde. Die Ereignisse, welche im Übrigen den regelmäßigen Ablauf der Dienstzeit Thiels außer den beiden Unglücksfällen unterbrochen hatten, waren unschwer zu überblicken. Vor vier Jahren war der kaiserliche Extrazug, der den Kaiser nach Breslau gebracht hatte, vorübergejagt. In einer Winternacht hatte der Schnellzug einen Rehbock überfahren. An einem heißen Sommertage hatte Thiel bei seiner Streckenrevision eine verkorkte Weinflasche gefunden, die sich glühend heiß anfasste und deren Inhalt deshalb von ihm für sehr gut gehalten wurde, weil er nach Entfernung des Korkes einer Fontäne gleich herausquoll, also augenscheinlich gegoren war. Diese Flasche, von Thiel in den seichten Rand eines Waldsees gelegt, um abzukühlen, war von dort auf irgendwelche Weise abhanden gekommen, sodass er noch nach Jahren ihren Verlust bedauern musste.

←

Einige Zerstreuung vermittelte dem Wärter ein Brunnen dicht hinter seinem Häuschen. Von Zeit zu Zeit nahmen in der Nähe beschäftigte Bahn- oder Telegrafenarbeiter einen Trunk daraus, wobei natürlich ein kurzes Gespräch mit unterlief. Auch der Förster kam zuweilen, um seinen Durst zu löschen.

Tobias entwickelte sich nur langsam; erst gegen Ablauf seines zweiten Lebensjahres lernte er notdürftig sprechen und gehen. Dem Vater bewies er eine ganz besondere Zuneigung. Wie er verständiger wurde, erwachte auch die alte Liebe des Vaters wieder. In dem Maße, wie diese zunahm, verringerte sich die Liebe der Stiefmutter zu Tobias und schlug sogar in unverkennbare Abneigung um, als Lene nach Verlauf eines neuen Jahres ebenfalls einen Jungen gebar.

Von da ab begann für Tobias eine schlimme Zeit. Er wurde besonders in Abwesenheit des Vaters unaufhörlich geplagt und musste ohne die geringste Belohnung dafür seine schwachen Kräfte im Dienste des kleinen Schreihalses einsetzen, wobei er sich mehr und mehr aufrieb. Sein Kopf bekam einen ungewöhnlichen Umfang; die brandroten Haare und das kreidige Gesicht darunter machten einen unschönen und im Verein mit der übrigen kläglichen Gestalt erbarmungswürdigen Eindruck. Wenn sich der zurückgebliebene Tobias solchergestalt, das kleine, von Gesundheit strotzende Brüderchen auf dem Arme, hinunter zur Spree schleppte, so wurden hinter den Fenstern der Hütten Verwünschungen laut, die sich jedoch niemals hervorwagten. Thiel aber, welchen die Sache doch vor allem anging, schien keine Augen für sie zu haben und wollte auch die Winke nicht verstehen, welche ihm von wohlmeinenden Nachbarsleuten gegeben wurden.

II

An einem Junimorgen gegen sieben Uhr kam Thiel aus dem Dienst. Seine Frau hatte nicht so bald ihre Begrüßung beendet, als sie schon in gewohnter Weise zu lamentieren begann. Der Pachtacker, welcher bisher den Kartoffelbedarf der Familie gedeckt hatte, war vor Wochen gekündigt worden, ohne dass es Lenen bisher gelungen war, einen Ersatz dafür ausfindig zu machen. Wenngleich nun die Sorge um den Acker zu ihren Obliegenheiten gehörte, so musste doch Thiel ein Mal übers andere hören, dass niemand als er daran schuld sei, wenn man in diesem Jahre zehn Sack Kartoffeln für schweres Geld kaufen müsse. Thiel brummte nur und begab sich, Lenens Reden wenig Beachtung schenkend,

lamentieren *(lat.)* im abwertenden Sinne: laut klagen, jammern

sogleich an das Bett seines Ältesten, welches er in den Nächten, wo er nicht im Dienst war, mit ihm teilte. Hier ließ er sich nieder und beobachtete mit einem sorglichen Ausdruck seines guten Gesichts das schlafende Kind, welches er, nachdem er die zudringlichen Fliegen eine Weile von ihm abgehalten, schließlich weckte. In den blauen, tiefliegenden Augen des Erwachenden malte sich eine rührende Freude. Er griff hastig nach der Hand des Vaters, indes sich seine Mundwinkel zu einem kläglichen Lächeln verzogen. Der Wärter half ihm sogleich beim Anziehen der wenigen Kleidungsstücke, wobei plötzlich etwas wie ein Schatten durch seine Mienen lief, als er bemerkte, dass sich auf der rechten, ein wenig angeschwollenen Backe einige Fingerspuren weiß in rot abzeichneten.

vorberegt so viel wie: vorher mündlich berührt, erwähnt

Als Lene beim Frühstück mit vergrößertem Eifer auf vorberegte Wirtschaftsangelegenheit zurückkam, schnitt er ihr das Wort ab mit der Nachricht, dass ihm der Bahnmeister ein Stück Land längs des Bahndammes in unmittelbarer Nähe des Wärterhauses umsonst überlassen habe, angeblich weil es ihm, dem Bahnmeister, zu abgelegen sei.

Lene wollte das anfänglich nicht glauben. Nach und nach wichen jedoch ihre Zweifel, und nun geriet sie in merklich gute Laune. Ihre Fragen nach Größe und Güte des Ackers sowie andre mehr verschlangen sich förmlich, und als sie erfuhr, dass bei alledem noch zwei Zwergobstbäume darauf stünden, wurde sie rein närrisch. Als nichts mehr zu erfragen übrig blieb, zudem die Türglocke des Krämers, die man, beiläufig gesagt, in jedem einzelnen Hause des Ortes vernehmen konnte, unaufhörlich anschlug, schoss sie davon, um die Neuigkeit im Örtchen auszusprengen.

Während Lene in die dunkle, mit Waren überfüllte Kammer des Krämers kam, beschäftigte sich der Wärter daheim ausschließlich mit Tobias. Der Junge saß auf seinen Knien und spielte mit einigen Kiefernzapfen, die Thiel mit aus dem Walde gebracht hatte.

←

„Was willst du werden?“, fragte ihn der Vater, und diese Frage war stereotyp wie die Antwort des Jungen: „Ein Bahnmeister“. Es war keine Scherzfrage, denn die Träume des Wärters verstiegen sich in der Tat in solche Höhen, und er hegte allen Ernstes den Wunsch und die Hoffnung, dass aus Tobias mit Gottes Hilfe etwas Außergewöhnliches werden sollte. Sobald die Antwort „Ein Bahnmeister“ von den blutlosen Lippen des Kleinen kam, der natürlich nicht wusste, was sie bedeuten sollte, begann Thiels Gesicht sich aufzuhellen, bis es förmlich strahlte von innerer Glückseligkeit.

„Geh, Tobias, geh spielen!“, sagte er kurz darauf, indem er eine Pfeife Tabak mit einem im Herdfeuer entzündeten Span in Brand steckte, und der Kleine drückte sich alsbald in scheuer Freude zur Türe hinaus. Thiel entkleidete sich, ging zu Bett und entschlief, nachdem er geraume Zeit gedankenvoll die niedrige und rissige Stubendecke angestarrt hatte. Gegen zwölf Uhr mittags erwachte er, kleidete sich an und ging, während seine Frau in ihrer lärmenden Weise das Mittagbrot bereitete, hinaus auf die Straße, wo er Tobiaschen sogleich aufgriff, der mit den Fingern Kalk aus einem Loche in der Wand kratzte und in den Mund steckte. Der Wärter nahm ihn bei der Hand und ging mit ihm an den etwa acht Häuschen des Ortes vorüber bis hinunter zur Spree, die schwarz und glasig zwischen schwach belaubten Pappeln lag. Dicht am Rande des Wassers befand sich ein Granitblock, auf welchen Thiel sich niederließ.

Mittagbrot
regional für Mittagessen

Der ganze Ort hatte sich gewöhnt, ihn bei nur irgend erträglichem Wetter an dieser Stelle zu erblicken. Die Kinder besonders hingen an ihm, nannten ihn „Vater Thiel“ und wurden von ihm in mancherlei Spielen unterrichtet, deren er sich aus seiner Jugendzeit erinnerte. Das Beste jedoch von dem Inhalt seiner Erinnerungen war für Tobias. Er schnitzelte ihm Fitschepfeile, die höher flogen als die aller anderen Jungen. Er schnitt ihm Weidenpfeifchen und ließ sich sogar herbei, mit seinem verrosteten Bass das Beschwörungslied zu singen, während er mit dem Horngriff seines Taschenmessers die Rinde leise klopfte.

Fitschepfeile
aus Rohr gefertigte Pfeile für den (Flitze-)Bogen

→

Die Leute verübelten ihm seine Läppschereien; es war ihnen unerfindlich, wie er sich mit den Rotznasen so viel abgeben konnte. Im Grunde durften sie jedoch damit zufrieden sein, denn die Kinder waren unter seiner Obhut gut aufgehoben. Überdies nahm Thiel auch ernste Dinge mit ihnen vor, hörte den Großen ihre Schulaufgaben ab, half ihnen beim Lernen der Bibel- und Gesangbuchverse und buchstabierte mit den Kleinen a-b-ab, d-u-du, und so fort.

→

Nach dem Mittagessen legte sich der Wärter abermals zu kurzer Ruhe nieder. Nachdem sie beendigt, trank er den Nachmittagskaffee und begann gleich darauf sich für den Gang in den Dienst vorzubereiten. Er brauchte dazu, wie zu allen seinen Verrichtungen, viel Zeit; jeder Handgriff war seit Jahren geregelt; in stets gleicher Reihenfolge wanderten die sorgsam auf der kleinen Nussbaumkommode ausgebreiteten Gegenstände: Messer, Notizbuch, Kamm, ein Pferdezahn, die alte, eingekapselte Uhr, in die Taschen seiner Kleider. Ein kleines, in rotes Papier eingeschlagenes Büchelchen wurde mit besonderer Sorgfalt behandelt.

Es lag während der Nacht unter dem Kopfkissen des Wärters und wurde am Tage von ihm stets in der Brusttasche des Dienstrockes herumgetragen. Auf der Etikette unter dem Umschlag stand in unbeholfenen, aber verschnörkelten Schriftzügen, von Thiels Hand geschrieben: „Sparkassenbuch des Tobias Thiel“.

Die Wanduhr mit dem langen Pendel und dem gelbsüchtigen Zifferblatt zeigte drei viertel fünf, als Thiel fortging. Ein kleiner Kahn, sein Eigentum, brachte ihn über den Fluss. Am jenseitigen Spreeufer blieb er einige Male stehen und lauschte nach dem Ort zurück. Endlich bog er in einen breiten Waldweg und befand sich nach wenigen Minuten inmitten des tief aufrauschenden Kiefernforstes, dessen Nadelmassen einem schwarzgrünen, wellenwerfenden Meere glichen. Unhörbar wie auf Filz schritt er über die feuchte Moos- und Nadelschicht des Waldbodens. Er fand seinen Weg, ohne aufzublicken, hier durch die rostbraunen Säulen des Hochwaldes, dort weiterhin durch dicht verschlungenes Jungholz, noch weiter über ausgedehnte Schonungen, die von einzelnen hohen und schlanken Kiefern überschattet wurden, welche man zum Schutze für den Nachwuchs aufbehalten hatte. Ein bläulicher, durchsichtiger, mit allerhand Düften geschwängerter Dunst stieg aus der Erde auf und ließ die Formen der Bäume verwaschen erscheinen. Ein schwerer, milchiger Himmel hing tief herab über die Baumwipfel. Krähenschwärme badeten gleichsam im Grau der Luft, unaufhörlich ihre knarrenden Rufe ausstoßend. Schwarze Wasserlachen füllten die Vertiefungen des Weges und spiegelten die trübe Natur noch trüber wider.

aufbehalten übrig gelassen

Ein furchtbares Wetter, dachte Thiel, als er aus tiefem Nachdenken erwachte und aufschaute.

Plötzlich jedoch bekamen seine Gedanken eine andere Richtung. Er fühlte dunkel, dass er etwas daheim vergessen haben müsse, und wirklich vermisste er beim Durchsuchen seiner Taschen das Butterbrot, welches er der langen Dienstzeit halber stets mitzunehmen genötigt war. Unschlüssig blieb er eine Weile stehen, wandte sich dann aber plötzlich und eilte in der Richtung des Dorfes zurück.

In kurzer Zeit hatte er die Spree erreicht, setzte mit wenigen kräftigen Ruderschlägen über und stieg gleich darauf, am ganzen Körper schwitzend, die sanft ansteigende Dorfstraße hinauf. Der alte, schäbige Pudel des Krämers lag mitten auf der Straße. Auf dem geteerten Plankenzaune eines Kossätenhofes saß eine Nebelkrähe. Sie spreizte die Federn, schüttelte sich, nickte, stieß ein ohrenzerreißendes Krä-krä aus und erhob sich mit pfeifendem Flü-

←

gelschlag, um sich vom Winde in der Richtung des Forstes davontreiben zu lassen.

Von den Bewohnern der kleinen Kolonie, etwa zwanzig Fischern und Waldarbeitern mit ihren Familien, war nichts zu sehen.

Der Ton einer kreischenden Stimme unterbrach die Stille so laut und schrill, dass der Wärter unwillkürlich mit Laufen innehielt. Ein Schwall heftig herausgestoßner, misstönender Laute schlug an sein Ohr, die aus dem offnen Giebelfenster eines niedrigen Häuschens zu kommen schienen, welches er nur zu wohl kannte.

Das Geräusch seiner Schritte nach Möglichkeit dämpfend, schlich er sich näher und unterschied nun ganz deutlich die Stimme seiner Frau. Nur noch wenige Bewegungen, und die meisten ihrer Worte wurden ihm verständlich.

„Was, du unbarmherziger, herzloser Schuft! soll sich das elende Wurm die Plautze ausschreien vor Hunger? – wie? – na, wart nur, wart, ich will dich lehren aufpassen! – du sollst dran denken.“ Einige Augenblicke blieb es still; dann hörte man ein Geräusch, wie wenn Kleidungsstücke ausgeklopft würden; unmittelbar darauf entlud sich ein neues Hagelwetter von Schimpfworten.

Plautze mundartl. für Lunge

„Du erbärmlicher Grünschnabel“, scholl es im schnellsten Tempo herunter, „meinst du, ich sollte mein leibliches Kind wegen solch einem Jammerlappen, wie du bist, verhungern lassen?“ – „Halt's Maul!“, schrie es, als ein leises Wimmern hörbar wurde, „oder du sollst eine Portion kriegen, an der du acht Tage zu fressen hast.“

Das Wimmern verstummte nicht.

Der Wärter fühlte, wie sein Herz in schweren, unregelmäßigen Schlägen ging. Er begann leise zu zittern. Seine Blicke hingen wie abwesend am Boden fest, und die plumpe und harte Hand strich mehrmals ein Büschel nasser Haare zur Seite, das immer von Neuem in die sommersprossige Stirne hineinfiel.

Einen Augenblick drohte es ihn zu überwältigen. Es war ein Krampf, der die Muskeln schwellen machte und die Finger der Hand zur Faust zusammenzog. Es ließ nach, und dumpfe Mattigkeit blieb zurück.

Unsicheren Schrittes trat der Wärter in den engen, ziegelgepflasterten Hausflur. Müde und langsam erklomm er die knarrende Holzstiege.

„Pfui, pfui, pfui!“, hob es wieder an; dabei hörte man, wie jemand dreimal hintereinander mit allen Zeichen der Wut und Verachtung ausspie. „Du erbärmlicher, niederträchtiger, hinterlistiger, hämischer, feiger, gemeiner Lümmel!“ Die Worte folgten einander in steigender Betonung, und die Stimme, welche sie herausstieß, schnappte zuweilen über vor Anstrengung. „Meinen Buben willst du schlagen, was? Du elende Göre unterstehst dich, das arme, hilflose Kind aufs Maul zu schlagen? – wie? – he, wie? – Ich will mich nur nicht dreckig machen an dir, sonst – ...“

In diesem Augenblick öffnete Thiel die Tür des Wohnzimmers, weshalb der erschrockenen Frau das Ende des begonnenen Satzes in der Kehle stecken blieb. Sie war kreidebleich vor Zorn; ihre Lippen zuckten bösartig; sie hatte die Rechte erhoben, senkte sie und griff nach dem Milchtopf, aus dem sie ein Kinderfläschchen vollzufüllen versuchte. Sie ließ jedoch diese Arbeit, da der größte Teil der Milch über den Flaschenhals auf den Tisch rann, halb verrichtet, griff vollkommen fassungslos vor Erregung bald nach diesem, bald nach jenem Gegenstand, ohne ihn länger als einige Augenblicke festhalten zu können, und ermannte sich endlich so weit, ihren Mann heftig anzulassen: was es denn heißen solle, dass er um diese ungewöhnliche Zeit nach Hause käme, er würde sie doch nicht etwa gar belauschen wollen. „Das wäre noch das Letzte“, meinte sie, und gleich darauf: sie habe ein reines Gewissen und brauche vor niemand die Augen niederzuschlagen.

anlassen anfahren, Vorwürfe machen

Thiel hörte kaum, was sie sagte. Seine Blicke streiften flüchtig ← das heulende Tobiaschen. Einen Augenblick schien es, als müsse er gewaltsam etwas Furchtbares zurückhalten, was in ihm aufstieg; dann legte sich über die gespannten Mienen plötzlich das alte Phlegma, von einem verstohlnen begehrlichen Aufblitzen der Augen seltsam belebt. Sekundenlang spielte sein Blick über den starken Gliedmaßen seines Weibes, das, mit abgewandtem Gesicht herumhantierend, noch immer nach Fassung suchte. Ihre vollen, halbnackten Brüste blähten sich vor Erregung und drohten das Mieder zu sprengen, und ihre aufgerafften Röcke ließen die breiten Hüften noch breiter erscheinen. Eine Kraft schien von dem Weibe auszugehen, unbezwingbar, unentrinnbar, der Thiel sich nicht gewachsen fühlte.

Leicht gleich einem feinen Spinngewebe und doch fest wie ein Netz von Eisen legte es sich um ihn, fesselnd, überwindend, erschlaffend. Er hätte in diesem Zustand überhaupt kein Wort an sie zu richten vermocht, am allerwenigsten ein hartes, und so musste Tobias, der in Tränen gebadet und verängstet in einer Ecke hockte, sehen, wie der Vater, ohne auch nur weiter nach ihm umzuschauen, das vergessne Brot von der Ofenbank nahm, es der Mutter als einzige Erklärung hinhielt und mit einem kurzen, zerstreuten Kopfnicken sogleich wieder verschwand.

III

Obgleich Thiel den Weg in seine Waldeinsamkeit mit möglichster Eile zurücklegte, kam er doch erst fünfzehn Minuten nach der ordnungsmäßigen Zeit an den Ort seiner Bestimmung.

Der Hilfswärter, ein infolge des bei seinem Dienst unumgänglichen schnellen Temperaturwechsels schwindsüchtig gewordener Mensch, der mit ihm im Dienste abwechselte, stand schon fertig zum Aufbruch auf der kleinen, sandigen Plattform des Häuschens, dessen große Nummer schwarz auf weiß weithin durch die Stämme leuchtete.

Die beiden Männer reichten sich die Hände, machten sich einige kurze Mitteilungen und trennten sich. Der eine verschwand im Innern der Bude, der andre ging quer über die Strecke, die Fortsetzung jener Straße benutzend, welche Thiel gekommen war. Man hörte sein krampfhaftes Husten erst näher, dann ferner durch die Stämme, und mit ihm verstummte der einzige menschliche Laut in dieser Einöde. Thiel begann wie immer so auch heute damit, das enge, viereckige Steingebauer der Wärterbude auf seine Art für die Nacht herzurichten. Er tat es mechanisch, während sein Geist mit dem Eindruck der letzten Stunden beschäftigt war. Er legte sein Abendbrot auf den schmalen, braun gestrichnen Tisch an einem der beiden schlitzartigen Seitenfenster, von denen aus man die Strecke bequem übersehen konnte. Hierauf entzündete er in dem kleinen, rostigen Öfchen ein Feuer und stellte einen Topf kalten Wassers darauf. Nachdem er schließlich noch in die Gerätschaften, Schaufel, Spaten, Schraubstock und so weiter, einige Ordnung gebracht hatte, begab er sich ans Putzen seiner Laterne, die er zugleich mit frischem Petroleum versorgte.

Als dies geschehen war, meldete die Glocke mit drei schrillen Schlägen, die sich wiederholten, dass ein Zug in der Richtung von Breslau her aus der nächstliegenden Station abgelassen sei. Ohne die mindeste Hast zu zeigen, blieb Thiel noch eine gute Weile im Innern der Bude, trat endlich, Fahne und Patronentasche in der Hand, langsam ins Freie und bewegte sich trägen und schlürfenden Ganges über den schmalen Sandpfad, dem etwa zwanzig Schritt entfernten Bahnübergang zu. Seine Barrieren schloss und öffnete Thiel vor und nach jedem Zuge gewissenhaft, obgleich der Weg nur selten von jemand passiert wurde.

Er hatte seine Arbeit beendet und lehnte jetzt wartend an der schwarz-weißen Sperrstange.

Die Strecke schnitt rechts und links gradlinig in den unabsehbaren grünen Forst hinein; zu ihren beiden Seiten stauten die Nadelmassen gleichsam zurück, zwischen sich eine Gasse frei lassend, die der rötlichbraune, kiesbestreute Bahndamm ausfüllte. Die schwarzen, parallel laufenden Geleise darauf glichen in ihrer Gesamtheit einer ungeheuren eisernen Netzmasche, deren schmale Strähne sich im äußersten Süden und Norden in einem Punkte des Horizontes zusammenzogen.

Der Wind hatte sich erhoben und trieb leise Wellen den Waldrand hinunter und in die Ferne hinein. Aus den Telegrafenstangen, die die Strecke begleiteten, tönten summende Akkorde. Auf den Drähten, die sich wie das Gewebe einer Riesenspinne von Stange zu Stange fortrankten, klebten in dichten Reihen Scharen zwitschernder Vögel. Ein Specht flog lachend über Thiels Kopf weg, ohne dass er eines Blickes gewürdigt wurde.

Die Sonne, welche soeben unter dem Rande mächtiger Wolken herabhing, um in das schwarzgrüne Wipfelmeer zu versinken, goss Ströme von Purpur über den Forst. Die Säulenarkaden der Kiefernstämme jenseit des Dammes entzündeten sich gleichsam von innen heraus und glühten wie Eisen.

Säulenarkaden Bogengang, Bogenreihe

Auch die Geleise begannen zu glühen, feurigen Schlangen gleich, aber sie erloschen zuerst; und nun stieg die Glut langsam vom Erdboden in die Höhe, erst die Schäfte der Kiefern, weiter den größten Teil ihrer Kronen in kaltem Verwesungslichte zurücklassend, zuletzt nur noch den äußersten Rand der Wipfel mit einem rötlichen Schimmer streifend. Lautlos und feierlich vollzog sich das erhabene Schauspiel. Der Wärter stand noch immer regungslos an der Barriere. Endlich trat er einen Schritt vor. Ein dunkler Punkt am Horizonte, da wo die Geleise sich trafen, vergrößerte sich. Von Sekunde zu Sekunde wachsend, schien er doch auf einer Stelle zu stehen. Plötzlich bekam er Bewegung und näherte sich. Durch die Geleise ging ein Vibrieren und Summen, ein rhythmisches Geklirr, ein dumpfes Getöse, das, lauter und lauter werdend, zuletzt den Hufschlägen eines heranbrausenden Reitergeschwaders nicht unähnlich war.

Ein Keuchen und Brausen schwoll stoßweise fernher durch die Luft. Dann plötzlich zerriss die Stille. Ein rasendes Tosen und Toben erfüllte den Raum, die Geleise bogen sich, die Erde zitterte – ein starker Luftdruck – eine Wolke von Staub, Dampf und Qualm, und das schwarze, schnaubende Ungetüm war vorüber. So wie sie anwuchsen, starben nach und nach die Geräusche. Der Dunst verzog sich. Zum Punkte eingeschrumpft, schwand der Zug in der Ferne, und das alte heil'ge Schweigen schlug über dem Waldwinkel zusammen.

„Minna", flüsterte der Wärter, wie aus einem Traum erwacht, und ging nach seiner Bude zurück. Nachdem er sich einen dünnen Kaffee aufgebrüht, ließ er sich nieder und starrte, von Zeit zu Zeit einen Schluck zu sich nehmend, auf ein schmutziges Stück Zeitungspapier, das er irgendwo an der Strecke aufgelesen.

Nach und nach überkam ihn eine seltsame Unruhe. Er schob es auf die Backofenglut, welche das Stübchen erfüllte, und riss Rock und Weste auf, um sich zu erleichtern. Wie das nichts half, erhob er sich, nahm einen Spaten aus der Ecke und begab sich auf das geschenkte Äckerchen.

Es war ein schmaler Streifen Sandes, von Unkraut dicht überwuchert. Wie schneeweißer Schaum lag die junge Blütenpracht auf den Zweigen der beiden Zwergobstbäumchen, welche darauf standen.

Thiel wurde ruhig, und ein stilles Wohlgefallen beschlich ihn.

Nun also an die Arbeit.

Der Spaten schnitt knirschend in das Erdreich; die nassen Schollen fielen dumpf zurück und bröckelten auseinander.

Eine Zeit lang grub er ohne Unterbrechung. Dann hielt er plötzlich inne und sagte laut und vernehmlich vor sich hin, indem er dazu bedenklich den Kopf hin und her wiegte: „Nein, nein, das geht ja nicht", und wieder: „Nein, nein, das geht ja gar nicht."

Es war ihm plötzlich eingefallen, dass ja nun Lene des Öftern herauskommen würde, um den Acker zu bestellen, wodurch dann die hergebrachte Lebensweise in bedenkliche Schwankungen geraten musste. Und jäh verwandelte sich seine Freude über den Besitz des Ackers in Widerwillen. Hastig, wie wenn er etwas Unrechtes zu tun im Begriff gestanden hätte, riss er den Spaten aus der Erde und trug ihn nach der Bude zurück. Hier versank er abermals in dumpfe Grübelei. Er wusste kaum, warum, aber die Aussicht, Lene ganze Tage lang bei sich im Dienst zu haben, wurde ihm, sosehr er auch versuchte, sich damit zu versöhnen, immer unerträglicher. Es kam ihm vor, als habe er etwas ihm Wertes zu verteidigen, als versuchte jemand, sein Heiligstes anzutasten, und unwillkürlich spannten sich seine Muskeln in gelindem Krampfe, während ein kurzes, herausforderndes Lachen seinen Lippen entfuhr. Vom Widerhall dieses Lachens erschreckt, blickte er auf und verlor dabei den Faden seiner Betrachtungen. Als er ihn wiedergefunden, wühlte er sich gleichsam in den alten Gegenstand.

Und plötzlich zerriss etwas wie ein dichter, schwarzer Vorhang in zwei Stücke, und seine umnebelten Augen gewannen einen klaren Ausblick. Es war ihm auf einmal zumute, als erwache er aus einem zweijährigen totenähnlichen Schlaf und betrachte nun mit ungläubigem Kopfschütteln all das Haarsträubende, welches er in diesem Zustand begangen haben sollte. Die Leidensgeschichte seines Ältesten, welche die Eindrücke der letzten Stunden nur noch hatten besiegeln können, trat deutlich vor seine Seele. Mitleid und Reue ergriff ihn sowie auch eine tiefe Scham darüber, dass er diese ganze Zeit in schmachvoller Duldung hingelebt hatte, ohne sich des lieben, hilflosen Geschöpfes anzunehmen, ja ohne auch nur die Kraft zu finden, sich einzugestehen, wie sehr dieses litt.

Über den selbstquälerischen Vorstellungen all seiner Unterlassungssünden überkam ihn eine schwere Müdigkeit, und so entschlief er mit gekrümmtem Rücken, die Stirn auf die Hand, diese auf den Tisch gelegt.

Eine Zeit lang hatte er so gelegen, als er mit erstickter Stimme mehrmals den Namen „Minna" rief.

Ein Brausen und Sausen füllte sein Ohr, wie von unermesslichen Wassermassen; es wurde dunkel um ihn, er riss die Augen auf und erwachte. Seine Glieder flogen, der Angstschweiß drang ihm aus allen Poren, sein Puls ging unregelmäßg, sein Gesicht war nass vor Tränen.

Es war stockdunkel. Er wollte einen Blick nach der Tür werfen, ohne zu wissen, wohin er sich wenden sollte. Taumelnd erhob er sich, noch immer währte seine Herzensangst. Der Wald draußen rauschte wie Meeresbrandung, der Wind warf Hagel und Regen gegen die Fenster des Häuschens. Thiel tastete ratlos mit den Händen umher. Einen Augenblick kam er sich vor wie ein Ertrinkender – da plötzlich flammte es bläulich blendend auf, wie wenn Tropfen überirdischen Lichtes in die dunkle Erdatmosphäre herabsänken, um sogleich von ihr erstickt zu werden.

Der Augenblick genügte, um den Wärter zu sich selbst zu bringen. Er griff nach seiner Laterne, die er auch glücklich zu fassen bekam, und in diesem Augenblick erwachte der Donner am fernsten Saume des märkischen Nachthimmels. Erst dumpf und verhalten grollend, wälzte er sich näher in kurzen, brandenden Erzwellen, bis er, zu Riesenstößen anwachsend, sich endlich, die ganze Atmosphäre überflutend, dröhnend, schütternd und brausend entlud.

Die Scheiben klirrten, die Erde erbebte.

Thiel hatte Licht gemacht. Sein erster Blick, nachdem er die

Fassung wiedergewonnen, galt der Uhr. Es lagen kaum fünf Minuten zwischen jetzt und der Ankunft des Schnellzuges. Da er glaubte, das Signal überhört zu haben, begab er sich, so schnell als Sturm und Dunkelheit erlaubten, nach der Barriere. Als er noch damit beschäftigt war, diese zu schließen, erklang die Signalglocke. Der Wind zerriss ihre Töne und warf sie nach allen Richtungen auseinander. Die Kiefern bogen sich und rieben unheimlich knarrend und quietschend ihre Zweige aneinander. Einen Augenblick wurde der Mond sichtbar, wie er gleich einer blassgoldnen Schale zwischen den Wolken lag. In seinem Lichte sah man das Wühlen des Windes in den schwarzen Kronen der Kiefern. Die Blattgehänge der Birken am Bahndamm wehten und flatterten wie gespenstige Rossschweife. Darunter lagen die Linien der Geleise, welche, vor Nässe glänzend, das blasse Mondlicht in einzelnen Flecken aufsaugten.

Thiel riss die Mütze vom Kopfe. Der Regen tat ihm wohl und lief vermischt mit Tränen über sein Gesicht. Es gärte in seinem Hirn; unklare Erinnerungen an das, was er im Traum gesehen, verjagten einander. Es war ihm gewesen, als würde Tobias von jemand gemisshandelt, und zwar auf eine so entsetzliche Weise, dass ihm noch jetzt bei dem Gedanken daran das Herz stillestand. Einer anderen Erscheinung erinnerte er sich deutlicher. Er hatte seine verstorbene Frau gesehen. Sie war irgendwoher aus der Ferne gekommen, auf einem der Bahngeleise. Sie hatte recht kränklich ausgesehen, und statt der Kleider hatte sie Lumpen getragen. Sie war an Thiels Häuschen vorübergekommen, ohne sich darnach umzuschauen, und schließlich – hier wurde die Erinnerung undeutlich – war sie aus irgendwelchem Grunde nur mit großer Mühe vorwärtsgekommen und sogar mehrmals zusammengebrochen.

Thiel dachte weiter nach, und nun wusste er, dass sie sich auf der Flucht befunden hatte. Es lag außer allem Zweifel, denn weshalb hätte sie sonst diese Blicke voll Herzensangst nach rückwärts gesandt und sich weitergeschleppt, obgleich ihr die Füße den Dienst versagten. O diese entsetzlichen Blicke!

Aber es war etwas, das sie mit sich trug, in Tücher gewickelt, etwas Schlaffes, Blutiges, Bleiches, und die Art, mit der sie darauf niederblickte, erinnerte ihn an Szenen der Vergangenheit.

Er dachte an eine sterbende Frau, die ihr kaum geborenes Kind, das sie zurücklassen musste, unverwandt anblickte, mit einem Ausdruck tiefsten Schmerzes, unfassbarer Qual, jenem Ausdruck, den Thiel ebensowenig vergessen konnte, wie dass er einen Vater und eine Mutter habe.

Wo war sie hingekommen? Er wusste es nicht. Das aber trat ihm klar vor die Seele: sie hatte sich von ihm losgesagt, ihn nicht beachtet, sie hatte sich fortgeschleppt immer weiter und weiter durch die stürmische, dunkle Nacht. Er hatte sie gerufen: „Minna, Minna“, und davon war er erwacht.

Zwei rote, runde Lichter durchdrangen wie die Glotzaugen eines riesigen Ungetüms die Dunkelheit. Ein blutiger Schein ging vor ihnen her, der die Regentropfen in seinem Bereich in Blutstropfen verwandelte. Es war, als fiele ein Blutregen vom Himmel.

Thiel fühlte ein Grauen und, je näher der Zug kam, eine umso größere Angst; Traum und Wirklichkeit verschmolzen ihm in eins. Noch immer sah er das wandernde Weib auf den Schienen, und seine Hand irrte nach der Patronentasche, als habe er die Absicht, den rasenden Zug zum Stehen zu bringen. Zum Glück war es zu spät, denn schon flirrte es vor Thiels Augen von Lichtern, und der Zug raste vorüber.

Den übrigen Teil der Nacht fand Thiel wenig Ruhe mehr in seinem Dienst. Es drängte ihn, daheim zu sein. Er sehnte sich, Tobiaschen wiederzusehen. Es war ihm zumute, als sei er durch Jahre von ihm getrennt gewesen. Zuletzt war er in steigender Bekümmernis um das Befinden des Jungen mehrmals versucht, den Dienst zu verlassen.

Um die Zeit hinzubringen, beschloss Thiel, sobald es dämmerte, seine Strecke zu revidieren. In der Linken einen Stock, in der Rechten einen langen eisernen Schraubschlüssel, schritt er denn auch alsbald auf dem Rücken einer Bahnschiene in das schmutziggraue Zwielicht hinein.

Hin und wieder zog er mit dem Schraubschlüssel einen Bolzen fest oder schlug an eine der runden Eisenstangen, welche die Geleise untereinander verbanden.

Regen und Wind hatten nachgelassen, und zwischen zerschlissenen Wolkenschichten wurden hie und da Stücke eines blassblauen Himmels sichtbar.

Das eintönige Klappen der Sohlen auf dem harten Metall, verbunden mit dem schläfrigen Geräusch der Tropfen schüttelnden Bäume, beruhigte Thiel nach und nach.

Um sechs Uhr früh wurde er abgelöst und trat ohne Verzug den Heimweg an.

Es war ein herrlicher Sonntagmorgen.

Die Wolken hatten sich zerteilt und waren mittlerweile hinter den Umkreis des Horizontes hinabgesunken. Die Sonne goss, im Aufgehen gleich einem ungeheuren blutroten Edelstein funkelnd, wahre Lichtmassen über den Forst.

In scharfen Linien schossen die Strahlenbündel durch das Gewirr der Stämme, hier eine Insel zarter Farrenkräuter, deren Wedel fein geklöppelten Spitzen glichen, mit Glut behauchend, dort die silbergrauen Flechten des Waldgrundes zu roten Korallen umwandelnd.

Von Wipfeln, Stämmen und Gräsern floss der Feuertau. Eine Sintflut von Licht schien über die Erde ausgegossen. Es lag eine Frische in der Luft, die bis ins Herz drang, und auch hinter Thiels Stirn mussten die Bilder der Nacht allmählich verblassen.

Mit dem Augenblick jedoch, wo er in die Stube trat und Tobiaschen rotwangiger als je im sonnenbeschienenen Bette liegen sah, waren sie ganz verschwunden.

Wohl wahr! Im Verlauf des Tages glaubte Lene mehrmals etwas Befremdliches an ihm wahrzunehmen; so im Kirchstuhl, als er, statt ins Buch zu schauen, sie selbst von der Seite betrachtete, und dann auch um die Mittagszeit, als er, ohne ein Wort zu sagen, das Kleine, welches Tobias wie gewöhnlich auf die Straße tragen sollte, aus dessen Arm nahm und ihr auf den Schoß setzte. Sonst aber hatte er nicht das geringste Auffällige an sich.

Thiel, der den Tag über nicht dazu gekommen war, sich niederzulegen, kroch, da er die folgende Woche Tagdienst hatte, bereits gegen neun Uhr abends ins Bett. Gerade als er im Begriff war einzuschlafen, eröffnete ihm die Frau, dass sie am folgenden Morgen mit nach dem Walde gehen werde, um das Land umzugraben und Kartoffeln zu stecken.

Thiel zuckte zusammen; er war ganz wach geworden, hielt jedoch die Augen fest geschlossen.

Es sei die höchste Zeit, meinte Lene, wenn aus den Kartoffeln noch etwas werden sollte, und fügte bei, dass sie die Kinder werde mitnehmen müssen, da vermutlich der ganze Tag draufgehen würde. Der Wärter brummte einige unverständliche Worte, die Lene weiter nicht beachtete. Sie hatte ihm den Rücken gewandt und war beim Scheine eines Talglichtes damit beschäftigt, das Mieder aufzunesteln und die Röcke herabzulassen.

Plötzlich fuhr sie herum, ohne selbst zu wissen, aus welchem Grunde, und blickte in das von Leidenschaften verzerrte, erdfarbene Gesicht ihres Mannes, der sie, halb aufgerichtet, die Hände auf der Bettkante, mit brennenden Augen anstarrte.

„Thiel!“ – schrie die Frau halb zornig, halb erschreckt, und wie ein Nachtwandler, den man bei Namen ruft, erwachte er aus seiner Betäubung, stotterte einige verwirrte Worte, warf sich in die Kissen zurück und zog das Deckbett über die Ohren.

Lene war die Erste, welche sich am folgenden Morgen vom Bett erhob. Ohne dabei Lärm zu machen, bereitete sie alles Nötige für den Ausflug vor. Der Kleinste wurde in den Kinderwagen gelegt, darauf Tobias geweckt und angezogen. Als er erfuhr, wohin es gehen sollte, musste er lächeln. Nachdem alles bereit war und auch der Kaffee fertig auf dem Tisch stand, erwachte Thiel. Missbehagen war sein erstes Gefühl beim Anblick all der getroffenen Vorbereitungen. Er hätte wohl gern ein Wort dagegen gesagt, aber er wusste nicht, womit beginnen. Und welche für Lene stichhaltigen Gründe hätte er auch angeben sollen?

Allmählich begann dann das mehr und mehr strahlende Gesichtchen seinen Einfluss auf Thiel zu üben, sodass er schließlich schon um der Freude willen, welche dem Jungen der Ausflug bereitete, nicht daran denken konnte, Widerspruch zu erheben. Nichtsdestoweniger blieb Thiel während der Wanderung durch den Wald nicht frei von Unruhe. Er stieß das Kinderwägelchen mühsam durch den tiefen Sand und hatte allerhand Blumen darauf liegen, die Tobias gesammelt hatte.

Der Junge war ausnehmend lustig. Er hüpfte in seinem braunen Plüschmützchen zwischen den Farrenkräutern umher und suchte auf eine freilich etwas unbeholfene Art die glasflügligen Libellen zu fangen, die darüber hingaukelten. Sobald man angelangt war, nahm Lene den Acker in Augenschein. Sie warf das Säckchen mit Kartoffelstücken, welche sie zur Saat mitgebracht hatte, auf den Grasrand eines kleinen Birkengehölzes, kniete nieder und ließ den etwas dunkel gefärbten Sand durch ihre harten Finger laufen.

Thiel beobachtete sie gespannt: „Nun, wie ist er?“

„Reichlich so gut wie die Spree-Ecke!“ Dem Wärter fiel eine Last von der Seele. Er hatte gefürchtet, sie würde unzufrieden sein, und kratzte beruhigt seine Bartstoppeln.

Nachdem die Frau hastig eine dicke Brotkante verzehrt hatte, warf sie Tuch und Jacke fort und begann zu graben, mit der Geschwindigkeit und Ausdauer einer Maschine.

In bestimmten Zwischenräumen richtete sie sich auf und holte in tiefen Zügen Luft, aber es war jeweilig nur ein Augenblick, wenn nicht etwa das Kleine gestillt werden musste, was mit keuchender, schweißtropfender Brust hastig geschah.

„Ich muss die Strecke belaufen, ich werde Tobias mitnehmen“, rief der Wärter nach einer Weile von der Plattform vor der Bude aus zu ihr herüber.

„Ach was – Unsinn!“, schrie sie zurück, „wer soll bei dem Kleinen bleiben? – Hierher kommst du!“, setzte sie noch lauter hinzu, während der Wärter, als ob er sie nicht hören könne, mit Tobiaschen davonging.

Im ersten Augenblick erwog sie, ob sie nicht nachlaufen solle, und nur der Zeitverlust bestimmte sie, davon abzustehen. Thiel ging mit Tobias die Strecke entlang. Der Kleine war nicht wenig erregt; alles war ihm neu, fremd. Er begriff nicht, was die schmalen, schwarzen, vom Sonnenlicht erwärmten Schienen zu bedeuten hatten. Unaufhörlich tat er allerhand sonderbare Fragen. Vor allem verwunderlich war ihm das Klingen der Telegrafenstangen. Thiel kannte den Ton jeder einzelnen seines Reviers, sodass er mit geschlossenen Augen stets gewusst haben würde, in welchem Teil der Strecke er sich gerade befand.

Oft blieb er, Tobiaschen an der Hand, stehen, um den wunderbaren Lauten zu lauschen, die aus dem Holze wie sonore Choräle aus dem Innern einer Kirche hervorströmten. Die Stange am Südende des Reviers hatte einen besonders vollen und schönen Akkord. Es war ein Gewühl von Tönen in ihrem Innern, die ohne Unterbrechung gleichsam in einem Atem fortklangen, und Tobias lief rings um das verwitterte Holz, um, wie er glaubte, durch eine Öffnung die Urheber des lieblichen Getöns zu entdecken. Der Wärter wurde weihevoll gestimmt, ähnlich wie in der Kirche. Zudem unterschied er mit der Zeit eine Stimme, die ihn an seine verstorbene Frau erinnerte. Er stellte sich vor, es sei ein Chor seliger Geister, in den sie ja auch ihre Stimme mische, und diese Vorstellung erweckte in ihm eine Sehnsucht, eine Rührung bis zu Tränen.

sonor klangvoll, volltönend

Tobias verlangte nach den Blumen, die seitab im Birkenwäldchen standen, und Thiel, wie immer, gab ihm nach.

Stücke blauen Himmels schienen auf den Boden des Haines herabgesunken, so wunderbar dicht standen kleine blaue Blüten darauf. Farbigen Wimpeln gleich flatterten und gaukelten die Schmetterlinge lautlos zwischen dem leuchtenden Weiß der Stämme, indes durch die zartgrünen Blätterwolken der Birkenkronen ein sanftes Rieseln ging.

Tobias rupfte Blumen, und der Vater schaute ihm sinnend zu. Zuweilen erhob sich auch der Blick des Letzteren und suchte durch die Lücken der Blätter den Himmel, der wie eine riesige, makellos blaue Kristallschale das Goldlicht der Sonne auffing.

„Vater, ist das der liebe Gott?“, fragte der Kleine plötzlich, auf ein braunes Eichhörnchen deutend, das unter kratzenden Geräuschen am Stamme einer alleinstehenden Kiefer hinanhuschte.

„Närrischer Kerl“, war alles, was Thiel erwidern konnte, während losgerissene Borkenstückchen den Stamm herunter vor seine Füße fielen.

Die Mutter grub noch immer, als Thiel und Tobias zurückkamen. Die Hälfte des Ackers war bereits umgeworfen.

Die Bahnzüge folgten einander in kurzen Zwischenräumen, und Tobias sah sie jedes Mal mit offenem Munde vorübertoben.

Die Mutter selbst hatte ihren Spaß an seinen drolligen Grimassen.

Das Mittagessen, bestehend aus Kartoffeln und einem Restchen kalten Schweinebraten, verzehrte man in der Bude. Lene war aufgeräumt, und auch Thiel schien sich in das Unvermeidliche mit gutem Anstand fügen zu wollen. Er unterhielt seine Frau während des Essens mit allerlei Dingen, die in seinen Beruf schlugen. So fragte er sie, ob sie sich denken könne, dass in einer einzigen Bahnschiene sechsundvierzig Schrauben säßen, und anderes mehr.

Am Vormittage war Lene mit Umgraben fertig geworden; am Nachmittage sollten die Kartoffeln gesteckt werden. Sie bestand darauf, dass Tobias jetzt das Kleine warte, und nahm ihn mit sich.

„Pass auf ...“, rief Thiel ihr nach, von plötzlicher Besorgnis ergriffen, „pass auf, dass er den Geleisen nicht zu nahe kommt.“

Ein Achselzucken Lenes war die Antwort.

Der schlesische Schnellzug war gemeldet, und Thiel musste auf seinen Posten. Kaum stand er dienstfertig an der Barriere, so hörte er ihn auch schon heranbrausen.

Der Zug wurde sichtbar – er kam näher – in unzählbaren, sich überhastenden Stößen fauchte der Dampf aus dem schwarzen Maschinenschlote. Da: ein – zwei – drei milchweiße Dampfstrahlen quollen kerzengerade empor, und gleich darauf brachte die Luft den Pfiff der Maschine getragen. Dreimal hintereinander, kurz, grell, beängstigend. Sie bremsen, dachte Thiel, warum nur? Und wieder gellten die Notpfiffe schreiend, den Widerhall weckend, diesmal in langer, ununterbrochener Reihe.

Thiel trat vor, um die Strecke überschauen zu können. Mechanisch zog er die rote Fahne aus dem Futteral und hielt sie gerade vor sich hin über die Geleise. – Jesus Christus – war er blind gewesen? Jesus Christus – o Jesus, Jesus, Jesus Christus! was war das? Dort! – dort zwischen den Schienen ... „Ha-alt!“, schrie der Wärter aus Leibeskräften. Zu spät. Eine dunkle Masse war unter den Zug geraten und wurde zwischen den Rädern wie ein Gummiball hin und her geworfen. Noch einige Augenblicke, und man höre das Knarren und Quietschen der Bremsen. Der Zug stand.

Die einsame Strecke belebte sich. Zugführer und Schaffner rannten über den Kies nach dem Ende des Zuges. Aus jedem Fenster blickten neugierige Gesichter, und jetzt – die Menge knäulte sich und kam nach vorn.

Thiel keuchte; er musste sich festhalten, um nicht umzusinken wie ein gefällter Stier. Wahrhaftig, man winkt ihm –

„Nein!“

Ein Aufschrei zerreißt die Luft von der Unglücksstelle her, ein Geheul folgt, wie aus der Kehle eines Tieres kommend. Wer war das?! Lene?! Es war nicht ihre Stimme, und doch ...

Ein Mann kommt in Eile die Strecke herauf.

„Wärter!“

„Was gibt’s?“

„Ein Unglück!“ ... Der Bote schrickt zurück, denn des Wärters Augen spielen seltsam. Die Mütze sitzt schief, die roten Haare scheinen sich aufzubäumen.

„Er lebt noch, vielleicht ist noch Hilfe!“

Ein Röcheln ist die einzige Antwort.

„Kommen Sie schnell, schnell!“

Thiel reißt sich auf mit gewaltiger Anstrengung. Seine schlaffen Muskeln spannen sich; er richtet sich hoch auf, sein Gesicht ist blöd und tot.

Er rennt mit dem Boten, er sieht nicht die todbleichen erschreckten Gesichter der Reisenden in den Zugfenstern. Eine junge Frau schaut heraus, ein Handlungsreisender im Fez, ein junges Paar, anscheinend auf der Hochzeitsreise. Was geht’s ihn an? Er hat sich nie um den Inhalt dieser Polterkasten gekümmert; – sein Ohr füllt das Geheul Lenens. Vor seinen Augen schwimmt es durcheinander, gelbe Punkte, Glühwürmchen gleich, unzählig. Er schrickt zurück – er steht. Aus dem Tanze der Glühwürmchen tritt es hervor, blass, schlaff, blutrünstig. Eine Stirn, braun und blau geschlagen, blaue Lippen, über die schwarzes Blut tröpfelt. Er ist es.

Fez *(türkisch)* kegelstumpfförmige (rote) Filzkappe

Thiel spricht nicht. Sein Gesicht nimmt eine schmutzige Blässe an. Er lächelt wie abwesend; endlich beugt er sich; er fühlt die schlaffen, toten Gliedmaßen schwer in seinen Armen; die rote Fahne wickelt sich darum.

Er geht.

Wohin?

„Zum Bahnarzt, zum Bahnarzt“, tönt es durcheinander.

„Wir nehmen ihn gleich mit“, ruft der Packmeister und macht in seinem Wagen aus Dienströcken und Büchern ein Lager zurecht. „Nun also?“

Thiel macht keine Anstalten, den Verunglückten loszulassen. Man drängt in ihn. Vergebens. Der Packmeister lässt eine Bahre aus dem Packwagen reichen und beordert einen Mann, dem Vater beizustehen.

Die Zeit ist kostbar. Die Pfeife des Zugführers trillert. Münzen regnen aus den Fenstern.

Lene gebärdet sich wie wahnsinnig. „Das arme, arme Weib“, heißt es in den Coupés, „die arme, arme Mutter.“

Der Zugführer trillert abermals – ein Pfiff – die Maschine stößt weiße, zischende Dämpfe aus ihren Zylindern und streckt ihre eisernen Sehnen; einige Sekunden, und der Kurierzug braust mit wehender Rauchfahne in verdoppelter Geschwindigkeit durch den Forst.

Der Wärter, anderen Sinnes geworden, legt den halbtoten Jungen auf die Bahre. Da liegt er da in seiner verkommenen Körpergestalt, und hin und wieder hebt ein langer, rasselnder Atemzug die knöcherne Brust, welche unter dem zerfetzten Hemd sichtbar wird. Die Ärmchen und Beinchen, nicht nur in den Gelenken gebrochen, nehmen die unnatürlichsten Stellungen ein. Die Ferse des kleinen Fußes ist nach vorn gedreht. Die Arme schlottern über den Rand der Bahre.

Lene wimmert in einem fort; jede Spur ihres einstigen Trotzes ist aus ihrem Wesen gewichen. Sie wiederholt fortwährend eine Geschichte, die sie von jeder Schuld an dem Vorfall reinwaschen soll.

Thiel scheint sie nicht zu beachten; mit entsetzlich bangem Ausdruck haften seine Augen an dem Kinde.

Es ist still ringsum geworden, totenstill; schwarz und heiß ruhen die Geleise auf dem blendenden Kies. Der Mittag hat die Winde erstickt, und regungslos, wie aus Stein, steht der Forst.

Die Männer beraten sich leise. Man muss, um auf dem schnellsten Wege nach Friedrichshagen zu kommen, nach der Station zurück, die nach der Richtung Breslau liegt, da der nächste Zug, ein beschleunigter Personenzug, auf der Friedrichshagen näher gelegenen nicht anhält.

Thiel scheint zu überlegen, ob er mitgehen solle. Augenblicklich ist niemand da, der den Dienst versteht. Eine stumme Handbewegung bedeutet seiner Frau, die Bahre aufzunehmen; sie wagt nicht, sich zu widersetzen, obgleich sie um den zurückbleibenden Säugling besorgt ist. Sie und der fremde Mann tragen die Bahre. Thiel begleitet den Zug bis an die Grenze seines Reviers, dann bleibt er stehen und schaut ihm lange nach. Plötzlich schlägt er sich mit der flachen Hand vor die Stirn, dass es weithin schallt.

Er meint sich zu erwecken; denn es wird ein Traum sein, wie der gestern, sagt er sich. – Vergebens. – Mehr taumelnd als laufend erreichte er sein Häuschen. Drinnen fiel er auf die Erde, das Gesicht voran. Seine Mütze rollte in die Ecke, seine peinlich gepflegte Uhr fiel aus seiner Tasche, die Kapsel sprang, das Glas zerbrach. Es war, als hielte ihn eine eiserne Faust im Nacken gepackt, so fest, dass er sich nicht bewegen konnte, sosehr er auch unter Ächzen und Stöhnen sich frei zu machen suchte. Seine Stirn war kalt, seine Augen trocken, sein Schlund brannte.

Die Signalglocke weckte ihn. Unter dem Eindruck jener sich wiederholenden drei Glockenschläge ließ der Anfall nach. Thiel konnte sich erheben und seinen Dienst tun. Zwar waren seine Füße bleischwer, zwar kreiste um ihn die Strecke wie die Speiche eines ungeheuren Rades, dessen Achse sein Kopf war; aber er gewann doch wenigstens so viel Kraft, sich für einige Zeit aufrecht zu erhalten.

Der Personenzug kam heran. Tobias musste darin sein. Je näher er rückte, umso mehr verschwammen die Bilder vor Thiels Augen. Am Ende sah er nur noch den zerschlagenen Jungen mit dem blutigen Munde. Dann wurde es Nacht.

Nach einer Weile erwachte er aus einer Ohnmacht. Er fand sich dicht an der Barriere im heißen Sande liegen. Er stand auf, schüttelte die Sandkörner aus seinen Kleidern und spie sie aus seinem Munde. Sein Kopf wurde ein wenig freier, er vermochte ruhiger zu denken.

In der Bude nahm er sogleich seine Uhr vom Boden auf und legte sie auf den Tisch. Sie war trotz des Falles nicht stehen geblieben. Er zählte während zweier Stunden die Sekunden und Minuten, indem er sich vorstellte, was indes mit Tobias geschehen mochte. Jetzt kam Lene mit ihm an; jetzt stand sie vor dem Arzte. Dieser betrachtete und betastete den Jungen und schüttelte den Kopf.

„Schlimm, sehr schlimm – aber vielleicht … wer weiß?“ Er untersuchte genauer. „Nein“, sagte er dann, „nein, es ist vorbei.“

„Vorbei, vorbei“, stöhnte der Wärter, dann aber richtete er sich hoch auf und schrie, die rollenden Augen an die Decke geheftet, die erhobenen Hände unbewusst zur Faust ballend und mit einer Stimme, als müsse der enge Raum davon zerbersten: „Er muss, muss leben, ich sage dir, er muss, muss leben.“ Und schon stieß er die Tür des Häuschens von Neuem auf, durch die das rote Feuer des Abends hereinbrach, und rannte mehr, als er ging, nach der Barriere zurück. Hier blieb er eine Weile wie betroffen stehen und schritt dann plötzlich, beide Arme ausbreitend, bis in die Mitte des Dammes, als wenn er etwas aufhalten wollte, das aus der Richtung des Personenzuges kam. Dabei machten seine weit offenen Augen den Eindruck der Blindheit.

Während er, rückwärts schreitend, vor etwas zu weichen

schien, stieß er in einem fort halbverständliche Worte zwischen den Zähnen hervor: „Du – hörst du – bleib doch – du – hör doch – bleib – gib ihn wieder – er ist braun und blau geschlagen – ja ja – gut – ich will sie wieder braun und blau schlagen – hörst du? bleib doch – gib ihn mir wieder."

Es schien, als ob etwas an ihm vorüberwandle, denn er wandte sich und bewegte sich, wie um es zu verfolgen, nach der anderen Richtung.

„Du, Minna" – seine Stimme wurde weinerlich, wie die eines kleinen Kindes. „Du, Minna, hörst du? – gib ihn wieder – ich will ..." Er tastete in die Luft, wie um jemand festzuhalten. „Weibchen – ja – und da will ich sie ... und da will ich sie auch schlagen – braun und blau – auch schlagen – und da will ich mit dem Beil – siehst du? – Küchenbeil – mit dem Küchenbeil will ich sie schlagen, und da wird sie verrecken.

Und da ... ja mit dem Beil – Küchenbeil, ja – schwarzes Blut!" Schaum stand vor seinem Munde, seine gläsernen Pupillen bewegten sich unaufhörlich.

Ein sanfter Abendhauch strich leis und nachhaltig über den Forst, und rosaflammiges Wolkengelock hing über dem westlichen Himmel.

Etwa hundert Schritt hatte er so das unsichtbare Etwas verfolgt, als er anscheinend mutlos stehen blieb, und mit entsetzlicher Angst in den Mienen streckte der Mann seine Arme aus, flehend, beschwörend. Er strengte seine Augen an und beschattete sie mit der Hand, wie um noch einmal in weiter Ferne das Wesenlose zu entdecken. Schließlich sank die Hand, und der gespannte Ausdruck seines Gesichts verkehrte sich in stumpfe Ausdruckslosigkeit; er wandte sich und schleppte sich den Weg zurück, den er gekommen.

Die Sonne goss ihre letzte Glut über den Forst, dann erlosch sie. Die Stämme der Kiefern streckten sich wie bleiches, verwestes Gebein zwischen die Wipfel hinein, die wie grauschwarze Moderschichten auf ihnen lasteten. Das Hämmern eines Spechtes durchdrang die Stille. Durch den kalten, stahlblauen Himmelsraum ging ein einziges, verspätetes Rosengewölk. Der Windhauch wurde kellerkalt, sodass es den Wärter fröstelte. Alles war ihm neu, alles fremd. Er wusste nicht, was das war, worauf er ging, oder das, was ihn umgab. Da huschte ein Eichhorn über die Strecke, und Thiel besann sich. Er musste an den lieben Gott denken, ohne zu wissen, warum. „Der liebe Gott springt über den Weg, der liebe Gott springt über den Weg." Er wiederholte diesen Satz mehrmals, gleichsam um auf etwas zu kommen, das damit zusammenhing. Er unterbrach sich, ein Lichtschein fiel in sein Hirn: „Aber mein Gott, das ist ja Wahnsinn.“ Er vergaß alles und wandte sich gegen diesen neuen Feind. Er suchte Ordnung in seine Gedanken zu bringen, vergebens! es war ein haltloses Streifen und Schweifen. Er ertappte sich auf den unsinnigsten Vorstellungen und schauderte zusammen im Bewusstsein seiner Machtlosigkeit.

Aus dem nahen Birkenwäldchen kam Kindergeschrei. Es war das Signal zur Raserei. Fast gegen seinen Willen musste er darauf zueilen und fand das Kleine, um welches sich niemand mehr gekümmert hatte, weinend und strampelnd ohne Bettchen im Wagen liegen. Was wollte er tun? Was trieb ihn hierher? Ein wirbelnder Strom von Gefühlen und Gedanken verschlang diese Fragen.

„Der liebe Gott springt über den Weg“, jetzt wusste er, was das bedeuten wollte. „Tobias“ – sie hatte ihn gemordet – Lene – ihr war er anvertraut – „Stiefmutter, Rabenmutter“, knirschte er, „und ihr Balg lebt.“ Ein roter Nebel umwölkte seine Sinne, zwei Kinderaugen durchdrangen ihn; er fühlte etwas Weiches, Fleischiges zwischen seinen Fingern. Gurgelnde und pfeifende Laute, untermischt mit heiseren Ausrufen, von denen er nicht wusste, wer sie ausstieß, trafen sein Ohr.

Da fiel etwas in sein Hirn wie Tropfen heißen Siegellacks, und es hob sich wie eine Starre von seinem Geist. Zum Bewusstsein kommend, hörte er den Nachhall der Meldeglocke durch die Luft zittern.

Mit eins begriff er, was er hatte tun wollen: seine Hand löste sich von der Kehle des Kindes, welches sich unter seinem Griffe wand. – Es rang nach Luft, dann begann es zu husten und zu schreien.

„Es lebt! Gott sei Dank, es lebt!“ Er ließ es liegen und eilte nach dem Übergange. Dunkler Qualm wälzte sich fernher über die Strecke, und der Wind drückte ihn zu Boden. Hinter sich vernahm er das Keuchen einer Maschine, welches wie das stoßweise gequälte Atmen eines kranken Riesen klang.

Ein kaltes Zwielicht lag über der Gegend.

Nach einer Weile, als die Rauchwolken auseinandergingen, erkannte Thiel den Kieszug, der mit geleerten Loren zurückging und die Arbeiter mit sich führte, welche tagsüber auf der Strecke gearbeitet hatten.

Der Zug hatte eine reich bemessene Fahrzeit und durfte überall anhalten, um die hie und da noch beschäftigten Arbeiter aufzunehmen, andere hingegen abzusetzen. Ein gutes Stück vor Thiels Bude begann man zu bremsen. Ein lautes Quietschen, Schnarren, Rasseln und Klirren durchdrang weithin die Abendstille, bis der

Zug unter einem einzigen, schrillen, lang gedehnten Ton stillstand.

Etwa fünfzig Arbeiter und Arbeiterinnen waren in den Loren verteilt. Fast alle standen aufrecht, einige unter den Männern mit entblößtem Kopfe. In ihrer aller Wesen lag eine rätselhafte Feierlichkeit. Als sie des Wärters ansichtig wurden, erhob sich ein Flüstern unter ihnen. Die Alten zogen die Tabakspfeifen zwischen den gelben Zähnen hervor und hielten sie respektvoll in den Händen. Hie und da wandte sich ein Frauenzimmer, um sich zu schnäuzen. Der Zugführer stieg auf die Strecke herunter und trat auf Thiel zu. Die Arbeiter sahen, wie er ihm feierlich die Hand schüttelte, worauf Thiel mit langsamem, fast militärisch steifem Schritt auf den letzten Wagen zuschritt.

Keiner der Arbeiter wagte ihn anzureden, obgleich sie ihn alle kannten.

Aus dem letzten Wagen hob man soeben das kleine Tobiaschen.

Es war tot.

Lene folgte ihm; ihr Gesicht war bläulichweiß, braune Kreise lagen um ihre Augen.

Thiel würdigte sie keines Blickes; sie aber erschrak beim Anblick ihres Mannes. Seine Wangen waren hohl, Wimpern und Barthaare verklebt, der Scheitel, so schien es ihr, ergrauter als bisher. Die Spuren vertrockneter Tränen überall auf dem Gesicht, dazu ein unstetes Licht in seinen Augen, davor sie ein Grauen ankam.

Auch die Tragbahre hatte man wieder mitgebracht, um die Leiche transportieren zu können.

Eine Weile herrschte unheimliche Stille. Eine tiefe, entsetzliche Versonnenheit hatte sich Thiels bemächtigt. Es wurde dunkler. Ein Rudel Rehe setzte seitab auf den Bahndamm. Der Bock blieb stehen mitten zwischen den Geleisen. Er wandte seinen gelenken Hals neugierig herum, da pfiff die Maschine, und blitzartig verschwand er samt seiner Herde.

In dem Augenblick, als der Zug sich in Bewegung setzen wollte, brach Thiel zusammen.

Der Zug hielt abermals, und es entspann sich eine Beratung über das, was nun zu tun sei. Man entschied sich dafür, die Leiche des Kindes einstweilen im Wärterhaus unterzubringen und statt ihrer den durch kein Mittel wieder ins Bewusstsein zu rufenden Wärter mittelst der Bahre nach Hause zu bringen.

Und so geschah es. Zwei Männer trugen die Bahre mit dem Bewusstlosen, gefolgt von Lene, die, fortwährend schluchzend, mit tränenüberströmtem Gesicht den Kinderwagen mit dem Kleinsten durch den Sand stieß.

Wie eine riesige purpurglühende Kugel lag der Mond zwischen den Kiefernschäften am Waldesgrund. Je höher er rückte, umso kleiner schien er zu werden, umso mehr verblasste er. Endlich hing er, einer Ampel vergleichbar, über dem Forst, durch alle Spalten und Lücken der Kronen einen matten Lichtdunst drängend, welcher die Gesichter der Dahinschreitenden leichenhaft anmalte.

Rüstig, aber vorsichtig schritt man vorwärts, jetzt durch eng gedrängtes Jungholz, dann wieder an weiten, hochwaldumstandenen Schonungen entlang, darin sich das bleiche Licht wie in großen, dunklen Becken angesammelt hatte.

Der Bewusstlose röchelte von Zeit zu Zeit oder begann zu fantasieren. Mehrmals ballte er die Fäuste und versuchte mit geschlossenen Augen sich emporzurichten.

Es kostete Mühe, ihn über die Spree zu bringen; man musste ein zweites Mal übersetzen, um die Frau und das Kind nachzuholen.

Als man die kleine Anhöhe des Ortes emporstieg, begegnete man einigen Einwohnern, welche die Botschaft des geschehenen Unglücks sofort verbreiteten.

Die ganze Kolonie kam auf die Beine.

Angesichts ihrer Bekannten brach Lene in erneutes Klagen aus.

Man beförderte den Kranken mühsam die schmale Stiege hinauf in seine Wohnung und brachte ihn sofort zu Bett. Die Arbeiter kehrten sogleich um, um Tobiaschens Leiche nachzuholen.

Alte, erfahrene Leute hatten kalte Umschläge angeraten, und Lene befolgte ihre Weisung mit Eifer und Umsicht. Sie legte Handtücher in eiskaltes Brunnenwasser und erneuerte sie, sobald die brennende Stirn des Bewusstlosen sie durchhitzt hatte. Ängstlich beobachtete sie die Atemzüge des Kranken, welche ihr mit jeder Minute regelmäßiger zu werden schienen.

Die Aufregungen des Tages hatten sie doch stark mitgenommen, und sie beschloss, ein wenig zu schlafen, fand jedoch keine Ruhe. Gleichviel ob sie die Augen öffnete oder schloss, unaufhörlich zogen die Ereignisse der Vergangenheit daran vorüber. Das Kleine schlief. Sie hatte sich entgegen ihrer sonstigen Gewohnheit wenig darum bekümmert. Sie war überhaupt eine andre geworden. Nirgend eine Spur des früheren Trotzes. Ja, dieser kranke Mann mit dem farblosen, schweißglänzenden Gesicht regierte sie im Schlaf.

Eine Wolke verdeckte die Mondkugel, es wurde finster im Zimmer, und Lene hörte nur noch das schwere, aber gleichmäßige Atemholen ihres Mannes. Sie überlegte, ob sie Licht machen sollte. Es wurde ihr unheimlich im Dunkeln. Als sie aufstehen wollte, lag es ihr bleiern in allen Gliedern, die Lider fielen ihr zu, sie entschlief.

Nach Verlauf von einigen Stunden, als die Männer mit der Kindesleiche zurückkehrten, fanden sie die Haustüre weit offen. Verwundert über diesen Umstand, stiegen sie die Treppe hinauf, in die obere Wohnung, deren Tür ebenfalls weit geöffnet war.

Man rief mehrmals den Namen der Frau, ohne eine Antwort zu erhalten. Endlich strich man ein Schwefelholz an der Wand, und der aufzuckende Lichtschein enthüllte eine grauenvolle Verwüstung.

„Mord, Mord!"

Lene lag in ihrem Blut, das Gesicht unkenntlich, mit zerschlagener Hirnschale.

„Er hat seine Frau ermordet, er hat seine Frau ermordet!"

Kopflos lief man umher. Die Nachbarn kamen, einer stieß an die Wiege. „Heiliger Himmel!" Und er fuhr zurück, bleich, mit entsetzensstarrem Blick. Da lag das Kind mit durchschnittenem Halse.

Der Wärter war verschwunden; die Nachforschungen, welche man noch in derselben Nacht anstellte, blieben erfolglos. Den Morgen darauf fand ihn der diensttuende Wärter zwischen den Bahngeleisen und an der Stelle sitzend, wo Tobiaschen überfahren worden war.

Er hielt das braune Pudelmützchen im Arm und liebkoste es ununterbrochen wie etwas, das Leben hat.

Der Wärter richtete einige Fragen an ihn, bekam jedoch keine Antwort und bemerkte bald, dass er es mit einem Irrsinnigen zu tun habe.

Der Wärter am Block, davon in Kenntnis gesetzt, erbat telegrafisch Hilfe.

Nun versuchten mehrere Männer ihn durch gutes Zureden von den Geleisen fortzulocken; jedoch vergebens.

Der Schnellzug, der um diese Zeit passierte, musste anhalten, und erst der Übermacht seines Personals gelang es, den Kranken, der alsbald furchtbar zu toben begann, mit Gewalt von der Strecke zu entfernen.

Man musste ihm Hände und Füße binden, und der inzwischen requirierte Gendarm überwachte seinen Transport nach dem Berliner Untersuchungsgefängnisse, von wo aus er jedoch schon am ersten Tage nach der Irrenabteilung der Charité überführt wurde. Noch bei der Einlieferung hielt er das braune Mützchen in Händen und bewachte es mit eifersüchtiger Sorgfalt und Zärtlichkeit.

requiriert verlangt, angefordert

←

Gendarm *(franz.)* veraltet für Polizist

Gerhart Hauptmann
1862–1946

Jahr	Ort	Ereignis	Alter
1862	Ober-Salzbrunn/ Schlesien (heute: Szczawno Zdrój)	15. November: Hauptmann wird im Hotel Schlesien „Zur Krone" als Sohn des Hotelbesitzers Robert Hauptmann und seiner Frau Marie, geb. Straehler, und als jüngerer Bruder des Dichters Carl Hauptmann (1858–1921) geboren.	
1868–1874	Ober-Salzbrunn	Besuch der Dorfschule.	6–12
1873	Ober-Salzbrunn	Privater Lateinunterricht.	11
1874–1878	Breslau	Eintritt in die Städtische Realschule I. Ordnung am Zwinger. Leidet unter der Schule. Umfangreiche außerschulische Lektüre.	12–16
1877	Sorgau	Verarmung der Eltern; sie übernehmen die Bahnhofswirtschaft in Sorgau (Nieder-Salzbrunn).	15
1878/79	Lohnig Lederose	Vorzeitiger Schulabgang mit befriedigendem Zeugnis. Bis 1879 Landwirtschaftsschüler auf den Gütern seines Onkels.	16/17
1879	Breslau	Vorbereitung auf Examen für Einjährig-Freiwilligen Militärdienst, ein Jahr später aufgegeben.	17
1880	Breslau	Besuch der Bildhauerklasse der Königlichen Kunst- und Gewerbeschule; Schulausschluss wegen schlechten Betragens.	18

Jahr	Ort	Ereignis	Alter
1881	Breslau Hohenhaus	Durch Prof. Haertel Wiederaufnahme an Schule; plastische Arbeiten. Kennenlernen der Töchter des Großkaufmanns Thienemann. Die drei Brüder Georg, Carl und Gerhart heiraten später die drei Schwestern Adele, Martha und Marie (1860–1940).	19
1882	Jena Hohenhaus	Abgang von der Kunstschule, anschl. Studium der Geschichte und Literatur, Beschäftigung mit alten Griechen (Homer, Hesiod), Jean Paul und Lord Byron. Heimliche Verlobung mit Marie Thienemann.	20
1883	 Spanien Italien	Studienabbruch. Nach Mittelmeerreise (u. a. mit Carl) Niederlassung in Rom als Bildhauer.	21
1884	Rom Dresden	Typhuserkrankung. Besuch Maries. Sechswöchiger Besuch der Zeichenklasse der Akademie der Künste. Offizielle Verlobung mit Marie.	22
1885	Dresden Erkner	Eheschließung mit Marie; Hiddenseebesuch, Rügenreise. Militäruntauglich. Wohnung in Erkner. Bekanntschaft mit kleinen Leuten, auch einem Bahnwärter.	23
1886	Erkner	Geburt des ersten Sohnes Ivo. Schauspielunterricht. Blutsturz.	24
1887	Erkner Schlesien	April/Mai: Entstehung des *Bahnwärter Thiel.* Wanderung mit Hugo Ernst Schmidt durch das Riesengebirge; Entdeckung der Heimat für seine Dichtung.	25
1888	Erkner	In Zeitschrift *Die Gesellschaft* erscheint *Bahnwärter Thiel.* Zustimmende Zuschriften aus dem Leserkreis.	26
1889	Berlin Erkner	Gründung der *Freien Bühne*, in dessen Vorstand er eintritt. Eröffnung mit Ibsens *Gespenster*. Erste Begegnung mit 14-jähriger Margarete Marschalk (Schwester des Komponisten Max M.). *Vor Sonnenaufgang* (urspr. *Der Sämann*) erscheint, wird an der *Freien Bühne* aufgeführt und verursacht einen Theaterskandal.	27
1890	Erkner Friedrichshagen Schreiberhau	Wohnung bei befreundetem Lehrer Ashelm. Beziehungen zur Künstlerkolonie. Kauf eines Hauses.	28

Jahr	Ort	Ereignis	Alter
1891	Schreiberhau	Einzug in umgebautes Haus, später folgt Familie Carl Hauptmanns.	29
1892		*Der Apostel* erscheint mit *Bahnwärter Thiel* als *Novellistische Studien.*	30
1893	Berlin Zürich	Uraufführung *Die Weber* in der Freien Bühne. Entscheidende Begegnung mit Margarete Marschalk. Uraufführung *Hannele.* Erfolgreiche Premieren *Der Biberpelz* und *Hannele.*	31
1894	New York Schreiberhau	Marie bricht mit Kindern nach New York auf, Hauptmann – der bereits mit Margarete lebt – folgt ihr. Ehe wird erst 1904 geschieden; im gleichen Jahr heiratet Hauptmann Margarete Marschalk. Auflösung des Haushalts; Marie siedelt mit den drei Söhnen nach Dresden über, Hauptmann nach Berlin.	32
1895–1901		Wechselnde Aufenthalte in Berlin, Dresden, Hiddensee, Schlesien, Italien. Grillparzer-Preis 1896 und 1899.	33–39
1901	Agnetendorf	Bezug von „Haus Wiesenstein" (gehört fortan zu den ständigen Aufenthaltsorten).	39
1903–1912		Wechselnde Aufenthalte, viele Bekanntschaften. 1904 Scheidung von Marie, Heirat mit Margarete. Grillparzer-Preis 1905, Volksschillerpreis 1905, Ehrendoktor in Wien 1905.	41–50
1907	Griechenland	Reise mit Familie und Freunden.	45
1912	Stockholm	Nobelpreis. Zahlreiche Feiern zu seinem 50. Geburtstag.	50
1914–1918		Kriegsbegeisterung bei Ausbruch des Ersten Weltkriegs; nationalistische Gedichte. Später desillusioniert.	52–56
1919–1933		Wichtiger Dichter der Weimarer Republik. Große Ehrungen zum 60. Geburtstag 1922.	57–71
1926	Kloster auf Hiddensee	Erstmals im „Haus Seedorn", das er zuerst mietet, 1930 kauft und 1930/31 erweitern lässt.	64
1932		Reden zu Goethes 100. Todestag.	70
1933–1945		Opportunistische Haltung Hauptmanns im Faschismus: keine Ablehnung, sondern vereinzelte Zustimmung; zahlreiche Ehrungen in Breslau und Wien.	71–83

Jahr	Ort	Ereignis	Alter
1945	Dresden Agnetendorf	Schreibt nach miterlebter Zerstörung der Stadt seine berühmte Klage über den Untergang Dresdens. Besuch von Johannes R. Becher und Grigorij Weiss mit Bitte um Mitarbeit am kulturellen Neuaufbau, Hauptmann stimmt zu.	83
1946	Agnetendorf Kloster auf Hiddensee	6. Juni: Tod Gerhart Hauptmanns. 28. Juli: Überführung des Leichnams nach Hiddensee. Seinem Wunsch entsprechend Beisetzung bei Sonnenaufgang auf dem Inselfriedhof.	84

WORT- UND SACHERKLÄRUNGEN

6 **das Regiment führen** Von lat. regimen: Verwaltung, Herrschaft.

das Mensch sittlich abwertend, verächtlich für „schlechtes Weibsbild".

kirre machen So viel wie: beruhigen, zahm oder sanftmütig machen.

7 **Phlegma** *(griech.)* Schwerfälligkeit, Gleichgültigkeit, Geistesträgheit.

Manen *(lat.)* Nur im Plural gebräuchlich: die guten Geister der Toten.

8 **Gesichte** Nur im Plural: Erscheinungen, Visionen; vgl. auch Zweites Gesicht (von engl. second sight).

Streckenrevision Die Kontrolle des zugeteilten Gleisabschnitts.

10 **stereotyp** Aus dem Griechischen: ständig wiederkehrend; aber auch: leer, abgedroschen.

11 **Beschwörungslied** Singsang, der helfen sollte, dass die mit dem Messergriff geklopfte Weidenrinde sich löste, sodass der Holzkern herausgezogen werden konnte.

Läppschereien Hauptmann gebraucht die mundartliche Fassung, vgl. läppisch

12 **Kossätenhof** *(niederdeutsch)* Hof eines Häuslers, Kätners (Kleinbauern).

14 **Einen Augenblick schien es …** Vgl. zu der folgenden Schilderung der verebbenden Gefühlsaufwallung (der bereits eine ähnliche vorausging: „Einen Augenblick drohte es ihn zu überwältigen …", S. 13) Rilkes Gedicht *Der Panther*, veröffentlicht 1903: „Nur manchmal schiebt der Vorhang der Pupille/ sich lautlos auf –. Dann geht ein Bild hinein,/ geht durch der Glieder angespannte Stille – / und hört im Herzen auf zu sein."

26 **Coupé** *(franz.)* Ältere Bezeichnung für das Abteil eines Eisenbahnwagens.

Kurierzug Ältere Bezeichnung für Eilzug (vgl. Kurier = Eilbote).

32 **Charité** *(franz.)* Von lat. Caritas = Barmherzigkeit – früher Bezeichnung für Pflegeanstalten, aus denen z. T. berühmte Krankenanstalten entstanden, so auch die Berliner Charité, 1710 gegründet.

BIOGRAFIE
WORT- UND SACHERKLÄRUNGEN
MATERIALIEN

MATERIALIEN

Zugang

Für den „Literaturpapst“ Marcel Reich-Ranicki (1920–2013) war Gerhart Hauptmann zwar der bedeutendste Repräsentant des Naturalismus, dennoch seien viele seiner Werke heute zu Recht vergessen. Zu den Ausnahmen zählte der Kritiker neben Hauptmanns Stück *Vor Sonnenuntergang* vor allem die novellistische Studie *Bahnwärter Thiel*.

Bahnbrechend und doch vergessen? (Marcel Reich-Ranicki, 2008)

Hauptmann war ein bahnbrechender Schriftsteller seiner Zeit (er lebte von 1862 bis 1946), zumal ein überaus erfolgreicher Dramatiker. Doch beinahe alle seine Bühnenwerke und Romane sind längst in Vergessenheit geraten – und dies keineswegs zu Unrecht. Also wie denn: bahnbrechend und vergessen? Die Sache lässt sich leicht erklären.

In den frühen Stücken Hauptmanns – *Vor Sonnenaufgang, Das Friedensfest, Einsame Menschen, Kollege Crampton, Die Weber, Der Biberpelz* – erkannte man eine neue Richtung der deutschen Literatur: Man nannte sie den Naturalismus. Hauptmann war der wichtigste Repräsentant dieser Richtung, mehr noch: Er hat diese Richtung geschaffen und geprägt.

Das Leben sollte auf der Bühne gezeigt werden, wie es wirklich ist, die Menschen sollten sprechen, wie sie im Alltag wirklich sprechen. Hauptmann distanzierte sich von allen deutschen Klassikern des Dramas und wurde rasch selber ein Klassiker der Bühne.

Doch bald genügte ihm der Naturalismus nicht mehr, er sprengte seine Grenzen. So übertrug er die Technik des Naturalismus auf historische Stoffe (*Florian Geyer*), so schrieb er ein neuromantisches Märchendrama in Versen (*Die versunkene Glocke*) und eine Traumdichtung *Hanneles Himmelfahrt*, das erste Hauptmann-Stück, das (vielleicht wegen seiner Rührseligkeit) auch im Ausland viel gespielt wurde.

Zwischendurch kehrte er zu konsequent naturalistischen Stücken zurück: *Fuhrmann Henschel* (1898) und *Rose Bernd* (1903). In der Berliner

Tragikomödie *Die Ratten* (1911) erreichte das Drama Hauptmanns seinen Höhepunkt. Er hat mit dem Stück bewiesen, dass eine Reinemachefrau ebenso eine tragische Figur sein kann wie Lady Macbeth oder König Lear.

Charakteristisch für das naturalistische Werk Hauptmanns sind die Fülle der Milieuschilderungen und der unvergleichliche Reichtum der Figuren aus allen Schichten der Bevölkerung. Im Mittelpunkt steht meist das unterdrückte und verfolgte, das leidende und schließlich scheiternde Individuum.

Von den vielen Stücken, die Hauptmann nach dem Ersten Weltkrieg geschrieben hat (meist sehr rasch und flüchtig), hat nur ein einziges die Zeit verhältnismäßig gut überstanden: *Vor Sonnenuntergang* (1928), die Geschichte eines siebzigjährigen Geheimrats, der sich in ein junges Mädchen verliebt, das er zum Entsetzen seiner Familie heiraten will. Hauptmanns Romane und Erzählungen sind allesamt missraten, oft auf unangenehme Weise indiskret und exhibitionistisch, allerdings wieder mit einer einzigen, einer frühen und sehr bemerkenswerten Ausnahme: der novellistischen Studie *Bahnwärter Thiel* aus dem Jahre 1892.

Fragen Sie Reich-Ranicki: Er dankte mit dem Hitler-Gruß. In: Frankfurter Allgemeine Sonntagszeitung, 27. 4. 2008.

Zur Entstehung

Die „novellistische Studie“ *Bahnwärter Thiel* ist 1887 in der brandenburgischen Kleinstadt Erkner, am südöstlichen Rand Berlins, entstanden. Dorthin hatte sich der Schriftsteller seinerzeit zurückgezogen, um inmitten der Spreewälder seine Lungentuberkulose auszukurieren, wie er in seiner Autobiografie *Das Abenteuer meiner Jugend* (1937) erinnerte. *Bahnwärter Thiel*, 1888 in der naturalistischen Zeitschrift *Die Gesellschaft*, herausgegeben von Georg Michael Conrad, veröffentlicht, soll von einem realen Unglücksfall angeregt worden sein. Das behauptete der spätere Literaturnobelpreisträger zumindest in der 1930 entstandenen ersten Fassung seiner Autobiografie. Etwas zurückhaltender äußerte sich Hauptmann dagegen in einem Brief an Walter Requardt vom 26. Februar 1937.

Das Abenteuer meiner Jugend (Gerhart Hauptmann, 1937)

Noch war eine Klippe zu umschiffen, bevor ich meine neue Ehe in größerer Ruhe genießen konnte: die Gestellung [Einberufung] beim Militär.

Man kann sich denken, welche Unruhe sich meiner und Marys bemächtigen musste, als der Termin dafür herannahte. Er kam. Man erklärte mich für untauglich.

Leider trat, als diese große Sorge endlich beseitigt war, wieder Bluthusten bei mir auf, woraus sich ergab, dass die ärztliche Verfügung, die mich glücklich vom Militär befreite, auch eine düstere Seite hatte.

Ich musste aufs Land, das war mir klar, sofern es mit mir nicht schnell bergab gehen sollte. So gaben wir denn die Wohnung auf, ohne Rücksicht auf einen langen Vertrag, und zogen in den Berliner Vorort Erkner.

(...)

Diesem Wechsel des Wohnorts verdanke ich es nicht nur, dass ich mein Wesen bis zu seinen reifen Geistesleistungen entwickeln konnte, sondern dass ich überhaupt noch am Leben bin. Nicht nur meine ersten Geisteskinder, sondern auch drei von meinen vier Söhnen sind in Erkner geboren. Es lohnt vielleicht, die Hieroglyphe des neuen Lebensabschnitts zu prägen, der dort begann und, von einer glänzenden Episode durchbrochen, vollendet wurde: unter Hoffen und Ängsten, Gefahren, Kämpfen, Niederlagen und Siegen. Alles natürlich nur im eigensten Kreis.

Unser Leben war schön. Natur und Boden wirkten fruchtbar belebend auf uns. Wir waren entlegene Kolonisten.

Die märkische Erde nahm uns an, der märkische Kiefernforst nahm uns auf. Kanäle, schwarz und ohne Bewegung, laufen durch ihn hin, morastige Seen und große verlassene Tümpel unterbrechen ihn, mit Schlangenhäuten und Schlangen an ihren Ufern.

Es war im Herbst, als wir unsere abgelegene Villa bezogen und einrichteten.

Die Monotonie des Winters stand vor der Tür. Zu unserer Sicherheit hatte ich in einer Hamburger Menagerie [Tierschau] zwei echte lappische Schlittenhunde gekauft, für unsere Begriffe wilde Geschöpfe, die einigermaßen im Zaum zu halten mir viel Mühe gekostet hat. Schlaf- und Wohnräume lagen im Parterre; der Schutz dieser beiden Wölfe wurde notwendig.

So war ich instinktgemäß zur Natur zurückgekehrt. Mary liebte wie ich das Landleben. Einsamkeiten und Verlassenheiten schreckten uns nicht. Das neue Dasein stand zu dem, das ich in Dresden, Rom und Hamburg geführt hatte, im geraden Gegensatz. Ich lebte ohne Aktivität. Der dreifa-

Die Villa Lassen in Erkner, wo Gerhart Hauptmann 1887 wohnte

che Kampf in Rom: mit dem nassen Ton, mit den Menschen und mit den Typhusbazillen war nicht mehr.

Dafür rang ich mit dem Gespenst des Bluthustens. Es verfolgte mich überall. Stundenlange einsame Wege führten mich in Begleitung meiner Hunde durch den Kiefernforst: mein Leben, meine Lage, meine fernere Möglichkeit zu überdenken die beste Gelegenheit. Oft mitten im Forst richtete sich das grauenvolle Gespenst vor mir auf. Zitternd nahm ich da etwa auf einem Baumstumpf Platz, einen Blutsturz und mein vermeintliches Ende erwartend.

(...) In Erkner nahm ich mein altes Leben mit Wanderungen und Beobachtungen aller Art wieder auf. Ich machte mich mit den kleinen Leuten bekannt, Förstern, Fischern, Kätnerfamilien[1] und Bahnwärtern, betrachtete eine Waschfrau, ein Spitalmütterchen eingehend und mit der gleichen Liebe, als wenn sie eine Trägerin von Szepter und Krone gewesen wäre. Ich unterhielt mich mit den Arbeitern einer nahen chemischen Fabrik über ihre Leiden, Freuden und Hoffnungen und fand hier, in nächster Nähe Berlins, besonders auf den einsamen Dörfern, ein Menschenwesen, das sich seit einem halben Jahrtausend und länger unverändert erhalten hatte. Dass es ein geeinigtes Deutschland gab, wussten sie nicht. Davon, dass

1 Familien, die eine Kate, ein kleines Bauernhaus, bewohnen.

ein Königreich Sachsen, ein Königreich Bayern, ein Königreich Württemberg bestand, hatten sie nie gehört. Es gab einen Kaiser in Berlin: Viele wussten noch nichts davon.

(...)

Mein literarischer Ehrgeiz war nun brennend geworden. Er stachelte mich zu immer neuen Versuchen an. Ich hatte dem Deutschen Theater mein Drama *Tiberius* eingereicht und mit Dank und freundlichen Worten zurückerhalten. Das aber konnte mich nicht im Geringsten entmutigen. Mein literarischer Eifer wurde nur noch heftiger angespornt. Während mein zweiter Sohn geboren wurde, schrieb ich an einer Novelle *Bahnwärter Thiel,* die ich im späteren Frühjahr beendete. Sie wurde von Michael Georg Conrad in München erworben und in seiner Zeitschrift abgedruckt. Damit war ich als Schriftsteller in die Welt getreten.

Gerhart Hauptmann: *Sämtliche Werke. Bd. VII: Autobiographisches.* Hrsg. v. Hans-Egon Hass. Frankfurt am Main, West-Berlin: Propyläen-Verlag, 1962, S. 1027 f., 1043 f.

Produktiver Unglücksfall (Gerhart Hauptmann, 1930)

Es handelte sich auch hier um einen Unglücksfall – das Kind eines Bahnwärters wurde vom Zug überfahren –, der mich erschüttert und dann produktiv gemacht hat.

Zitiert nach: Roy C. Cowen: *Hauptmann – Kommentar zum nichtdramatischen Werk.* München: Wilhelm Fink, 1981, S. 42.

Ich würde das Häuschen sofort wiedererkennen (Gerhart Hauptmann, 1937)

Bahnwärter Thiel anlangend kann ich nur sagen, dass ich viel mit einem Bahnwärter in seinem Wärterhäuschen gesprochen habe, das mitten im Walde zwischen Fangschleuse und einem anderen märkischen Dorfe lag. Ob dieser mir einiges Stoffliche übermittelt hat, kann ich heute nicht mehr sagen, ich möchte es fast glauben. Jedenfalls ist alles, was die Natur, das einsame Leben, das Erscheinen der Züge betrifft, dort konzipiert. Wir müssten einmal gemeinsam von Erkner aus wandern, ich würde natürlich das Häuschen sofort wiedererkennen.

Zitiert nach: Ebd., S. 42 f.

Naturalismus

Der sich in den 1880er-Jahren formierende Naturalismus in der deutschen Literatur wurde von einer jungen Autorengeneration bestimmt, die sich von dem als „verlogen" empfundenen bürgerlich-realistischen Literaturbetrieb distanzierte und die diesem eine „moderne", wahrhaftigere Literatur entgegensetzen wollte. Um die „ganze" Wirklichkeit darzustellen, sollten bislang von der Literatur ausgesparte, tabuisierte Wirklichkeitsbereiche wie Armut, Proletariat, Krankheit oder Wahnsinn berücksichtigt werden und sich die Schriftsteller an den Erkenntnissen der modernen Naturwissenschaften orientieren. Wie sehr die ersten Begegnungen des jungen Gerhart Hauptmann mit dieser Autorengeneration von einem rauschhaften Gemeinschaftsgefühl bestimmt waren, beschrieb der Literaturnobelpreisträger in seiner Autobiografie *Das Abenteuer meiner Jugend* (1937). Die Naturalisten gründeten neue Zeitschriften, so 1885 in München die von Michael Georg Conrad herausgegebene *Die Gesellschaft,* in der drei Jahre später Hauptmanns *Bahnwärter Thiel* erscheinen sollte. Vor allem aber entwickelten sie bei dem Versuch, möglichst wirklichkeitsgetreu zu erzählen, neue literarische Techniken wie den Sekundenstil, exemplarisch realisiert 1889 in dem Erzählband *Papa Hamlet* von Arno Holz und Johannes Schlaf.

Weltbild und Kunsttheorie der „konsequenten" Realisten (Annemarie und Wolfgang van Rinsum, 1994)

Um 1880 meldet sich eine rebellische junge Generation zu Wort. Sie will, wie um 1770 die Stürmer und Dränger oder um 1830 die Jungdeutschen, die traditionelle Kunst durch etwas ganz Neues ersetzen und fordert eine ästhetische Revolution. Was sie verkündet und ausformt, nennt die Literaturwissenschaft Naturalismus. Man setzt ihn zwischen 1880 und 1900 an mit einer kurzen Blütezeit zwischen 1889 und 1893. Die Naturalisten selbst bezeichnen sich meist als „konsequente Realisten", um sich von der älteren Generation der bereits anerkannten „bürgerlichen Realisten" abzusetzen, die gleichzeitig, aber von den Jungen wenig beachtet, ihre Alterswerke veröffentlichen (Keller: *Der grüne Heinrich,* 2. Fassung 1880;

Storm: *Der Schimmelreiter*, 1888; Rabe: *Stopfkuchen*, 1891; Fontane: *Effi Briest*, 1895). Sie finden, dass die Alten auf halbem Wege stehen geblieben sind, indem sie nicht etwa die ganze, sondern bloß eine beschönigte Wirklichkeit dargestellt haben.

Trotz ihres Reformeifers und ihres Originalitätsstrebens revolutionieren die jungen Literaten weniger die Tendenzen ihrer Vorgänger, als dass sie diese ins Extrem führen; sie bilden eher eine radikal realistische Stilrichtung von nur wenigen Jahren als eine grundlegend neue Bewegung. So stehen sie am Ende einer Epoche und eines Jahrhunderts.

(...)

Was quasi als kleinster gemeinsamer Nenner alle jungen Künstler verband, war das ästhetische Ziel, die Natur getreu wiederzugeben und dabei konsequenter zu verfahren als die „bürgerlichen Realisten". Sie machten keinen Halt vor dem Niedrigen, Hässlichen, ja Ekelhaften. So wurden Armut, Schmutz, Elend, Brutalität, Krankheit, Wahnsinn zu literarischen Themen. Man stellte große Laster dar: Alkoholismus, sexuelle Ausschweifung und Hörigkeit.

Gemeinsam war den meisten Naturalisten auch ein von den Naturwissenschaften geprägtes deterministisches Weltbild, wie es in Frankreich Hippolyte Taine (1828–1893) in der Milieutheorie formuliert hatte. Der Mensch ist demnach abhängig von Umwelt und Vererbung, seinen Trieben und seiner Psyche. Sein Erfahren und Erleben läuft nach einer Gesetzlichkeit ab, die im Zusammenhang steht mit der gesamten Natur. Da der Wille unfrei ist, trägt er auch keine Verantwortung für seine Taten. Die Natur ist ohne Moral, deshalb muss auch die Kunst objektiv und ohne Moral sein.

Nach dem Vorbild der Naturwissenschaften versuchte man, ein Gesetz für die Kunst zu entwickeln, nach dem man ein Werk wie ein wissenschaftliches Experiment auf Beobachtung und sich daraus ergebenden Folgerungen aufbauen konnte. Dazu schrieb Conrad Alberti, einer der frühen Naturalisten: „Mithin scheint jedes ästhetische Gesetz nur dann gerechtfertigt, wenn es sich als die Anwendung eines allgemeinen Naturgesetzes auf die besonderen Bedingungen der Kunst darstellt."

Der einzige naturalistische Theoretiker von Format ist Arno Holz; ihm ist es gelungen, ein geschlossenes System zu formulieren. Sein Kunstgesetz, das er in *Die Kunst. Ihr Wesen und ihre Gesetze* 1891 veröffentlicht hat, gilt als Grundlage des Naturalismus. Ganz Kind seiner Zeit, geht er bei der Suche nach einer Kernformel der Kunst nach einer naturwissenschaftlichen Methode vor: Er beobachtet, analysiert und stellt schließlich eine Hypothese auf, die fast wie eine mathematische Formel aussieht. (...)

Plakat zur Aufführung von Gerhart Hauptmanns naturalistischem Stück *Die Weber* um 1897 von Emil Orlik

Mit dem Resultat: Kunst = Natur – x und der näheren Bestimmung des x glaubt Holz, das Grundgesetz der Kunst gefunden und die Ästhetik zu einer echten Wissenschaft erhoben zu haben.

Wie angreifbar die Formel ist, zeigt schon die Gleichsetzung von Kunst = Natur, falls die Mittel perfekt sind und der Künstler sie vollkommen beherrscht. Höchste Kunst wäre dann die Natur selbst; ihr am nächsten käme die Fotografie; abstrakte oder stilisierte Kunst hätte keine Daseinsberechtigung.

Annemarie und Wolfgang van Rinsum: *Realismus und Naturalismus. Deutsche Literaturgeschichte, Bd. 7.* München: dtv, 1994, S. 303, 307–310.

Hier war meine Generation (Gerhart Hauptmann, 1937)

Verbindungen zu Schriftstellern oder literarisch Gleichstrebenden hatte ich nicht. Ein in seinen dichterischen Neigungen mir ähnlicher Mensch wäre mir als Wunder erschienen, und ich konnte mir nicht denken, je einem solchen Bruder in Apoll zu begegnen. (…)

Ein ruhiger Bürger war ich und war ich nicht. Was ich dachte, war Neuerung. In keiner erlaubten noch unerlaubten Rubrik ließ es sich unterbringen. Stand ich dem Sozialismus nahe, so fühlte ich mich doch nicht als Sozialisten. Die Einzigkeit meines Wesens war es, auf der ich bestand und die ich gegen alles mit verzweifeltem Mut verteidigte.

Aber nun merkte ich plötzlich, ich sei nicht allein.

Jahre hindurch wusste ich nichts anderes, als dass mein vereinzeltes, absonderliches Streben mich hoffnungslos vereinsame. Der Gedanke, es könne andere geben, die ein ähnliches Schicksal zu tragen hätten, kam mir nicht. Mit einem Male aber tauchten solche Naturen an allen Ecken und Enden in Deutschland auf. Sie begrüßten einander durch Zurufe, Leuten ähnlich, die auf Verabredung einen Marsch zu einem bestimmten Treffpunkt unternommen haben und nun angekommen sind.

Eine Anthologie *Moderne Dichter-Charaktere*, herausgegeben von Wilhelm Arent, war einer unter anderen Beweisen dieses Zustandes. Lange Zeit ging ich wie unter dem Eindruck eines Mirakels herum. (...)

Es ist nicht zu vermeiden, auf die Anthologie näher einzugehen, der diese Proben entnommen sind. Ich fühlte sofort, sie war Fleisch von meinem Fleische, Geist von meinem Geiste. Und es ist meine eigene, in diesen Blättern verfolgte Entwicklung, die ihren Seelengrund ohne Weiteres verständlich macht. Das in hohem Grade bedeutsame Zeitdokument enthielt viele Namen, deren Träger damit zum ersten Mal in der Öffentlichkeit genannt wurden: Hermann Conradi, Karl Henckell, Wilhelm Arent, Julius Hart, Friedrich Adler, Johannes Bohne, Arno Holz, Oskar Jerschke, Heinrich Hart, Erich Hartleben, Alfred Hugenberg, Georg Gradnauer und andere.

Fast alle waren in meinem Alter und ihre Gemütslage der meinen nahe verwandt.

Höchstens dass ich einen Teil der Gärung, in dem sie noch standen, bereits überwunden und hinter mir hatte.

(...)

Hier war meine wesentlich gleichaltrige geistige und dichterische Generation.

(...)

Mit manchem der Dichtercharaktere wurde ich wieder in Erkner persönlich bekannt. So mit Heinrich und Julius Hart, Arno Holz und anderen. Sie beehrten mein Haus am Waldesrand.

Eines Tages erschienen zwei junge Leute, Max Marschalk und Emil Strauß, die in mir den Dichter einer Novelle, des *Bahnwärter Thiel*, begrüßen wollten.

„Ein Wunder, ein Wunder!", sagte ich zu Mary, als ich die jungen Herren ihr vorstellte.

Gerhart Hauptmann: *Sämtliche Werke. Bd. VII: Autobiographisches.* Hrsg. v. Hans-Egon Hass. Frankfurt am Main, West-Berlin: Propyläen-Verlag, 1962, S. 1021, 1047–1054.

Fort mit der geheiligten Backfisch-Literatur! (Michael Georg Conrad, 1885)

Unsere *Gesellschaft* bezweckt zunächst die Emanzipation der periodischen schöngeistigen Literatur und Kritik von der Tyrannei der „höheren Töchter" und der „alten Weiber beiderlei Geschlechts"; sie will mit jener geist- und freiheitmörderischen Verwechslung von Familie und Kinderstube aufräumen, wie solche durch den journalistischen Industrialismus, der nur auf Abonnentenfang ausgeht, zum größten Schaden unserer nationalen Literatur und Kunst bei uns landläufig geworden.

Wir wollen die von der spekulativen Rücksichtsnehmerei auf den schöngeistigen Dusel, auf die gefühlvollen Lieblingstorheiten und moralischen Vorurteile der sogenannten „Familie" (im weibischen Sinne) arg gefährdete Mannhaftigkeit und Tapferkeit im Erkennen, Dichten und Kritisieren wieder zu Ehren bringen.

Fort, ruft unsere *Gesellschaft*, mit der geheiligten Backfisch-Literatur, mit der angestaunten phrasenseligen Altweiber-Kritik, mit der verehrten kastrierten Sozialwissenschaft! Wir brauchen ein Organ des ganzen, freien, humanen Gedankens, des unbeirrten Wahrheitssinnes, der resolut realistischen Weltauffassung!

(…)

Unsere *Gesellschaft* wird keine Anstrengung scheuen, der herrschenden jammervollen Verflachung und Verwässerung des literarischen, künstlerischen und sozialen Geistes starke, mannhafte Leistungen entgegenzusetzen, um die entsittlichende Verlogenheit, die romantische Flunkerei und entnervende Fantasterei durch das positive Gegenteil wirksam zu bekämpfen. Wir künden Fehde dem Verlegenheitsidealismus des Philistertums, der Moralitätsnotlüge der alten Parteien- und Cliquenwirtschaft auf allen Gebieten des modernen Lebens.

Unsere *Gesellschaft* wird sich bestreben, jene echte, natürliche, deutsche Vornehmheit zu pflegen, welche in der Reinlichkeit des Denkens, in der Kraft des Empfindens und in der Lauterkeit und Offenheit der Sprache wurzelt, dagegen jene heute so gepriesene falsche Vornehmheit bekämpfen, welche aus den einschläfernd und verdummend wirkenden Denk- und Gefühlsweisen der höheren Kinderstuben, der pedantischen Bildungsschwätzer und der polizeifrommen Gesinnungsheuchler herausgezüchtet worden ist.

Michael Georg Conrad: *Zur Einführung*. In: Die Gesellschaft, Jg. 1/1885, S. 1–3.

BIOGRAFIE
WORT- UND SACHERKLÄRUNGEN
MATERIALIEN

Papa Hamlet (Arno Holz/Johannes Schlaf, 1889)

(...)

„Still, Hund! ... Ae!!"

Er hatte sich jetzt seinen alten Zylinder, auf dem noch der dicke Schnee lag, vom Kopf gerissen und feuerte ihn nun wütend drüben in die dunkle, schreiende Ecke, wo der Korb stand. Die Tür hinter ihm war dröhnend ins Schloss gekracht.

„Niels!!"

Das Deckbett, das jetzt quer auf den Dielen lag, hatte zur Hälfte den Stuhl mitgerissen. Sie kniete aufrecht mitten im Bett. Ihre Nachtjacke vorn hatte sich ihr bis oben unter die Arme verschoben, ihr Haar hing in Strähnen um ihr Gesicht.

„Halt's Maul! Fang nicht auch noch an!"

Er hatte sich jetzt auch seinen alten, abgeschabten Rock runtergezerrt. Das kleine Spiegelchen über der Kommode, gegen das er ihn geschleudert hatte, war runtergeschurrt und lag nun zersplittert auf dem bunkernden Wachstuch.

„Na, wird's bald?!"

Der kleine Fortinbras jappte nur noch.

„Na?! ... Dein Glück, Kanaille! ..."

Seine Stiefel waren jetzt dumpf gegen die kleine Kiste neben dem Ofen gebullert. Der aufgeschlammte Schnee dran war nass gegen die Kacheln geplatscht. Er suchte jetzt nach den Pantoffeln.

„Ach was! Halt dein Maul, sag ich! ... Die Ohren vollplärren ... Könnte mir noch grade passen! ... Sind die Sachen gepackt?!"

Das Schnarchen nebenan hatte aufgehört. Es schubberte jetzt deutlich gegen die Tür.

„Ob du gepackt hast?!"

„Nein, Niels ... ich ..."

Sie stotterte!

„Natürlich! Man hat ja mal wieder zur Abwechslung die Schwindsucht! ... Bitte, genieren Sie sich nicht, Frau Wachtel! Treten Sie näher! Heute geht's ja woll noch!"

Sein Schatten, der bis dahin kreuz und quer über die weiße Decke geschossen war, war jetzt verschwunden. Er hatte sich unter den Tisch gebückt. Vom Bett her hatte es eben laut zu husten angefangen.

„Ach, du mein lieber Gott! ... Ach Gott! Ach Gott! Die arme Frau!"

Sie hatte jetzt ihr Gesicht in das Kissen gepresst und weinte.

„Nu ja! Nu ja! Nu heul doch noch'n bisschen! Das ist ja deine Force

Unverstellter Blick auf die gesellschaftliche Wirklichkeit: Aldolph Menzels *Eisenwalzwerk* (1872–75)

[Stärke]! Weiter kannste ja woll nischt!"

Er war eben in die Pantoffeln gefahren und suchte nun auf dem Tisch herum. Ein Messer klapperte gegen die Kochmaschine, eine Tasse war umgekippt.

„Natürlich! Keen Fippschen mehr! Für deine Schwindsucht hast du ja noch'n janz juten Appetit! ... Herrlich! Das tut immer, als ob es Poten saugt, und frisst ein'm die Haare vom Kopp runter!"

Er hatte sich seine Fäuste in die Hosentaschen gestopft und schnaubte nun im Zimmer auf und ab.

„So'ne Zucht! So eine – Zucht!!"

Er hatte mit dem Fuß in die kleine, hohle Kiste mit dem Nähzeug gestoßen. Die Flasche war auf den Boden geschlagen, das Licht bis unters Bett gekullert.

„Lächerlich!"

Er hatte jetzt auch noch die Flasche druntergestoßen.

„Lächerlich!! ... Wirst du still sein?!!"

Der kleine Fortinbras hatte wieder laut zu schreien angefangen.

„Bestie!"

Mit einem Satz war er auf den Korb zu.

„Bestie!!"

Das Geschrei war wieder wie abgeschnitten.

„Alberne Komödie!"
Er hatte sich jetzt wieder nach dem Bett zu gedreht. Seine Fäuste waren geballt. Unter den Kissen hervor hatte es deutlich geschluchzt.
„Alte Heulsuse!"
Die beiden dicken Falten um seine Nase waren jetzt noch tiefer geworden, zwischen seinen verzerrten Lippen blitzten seine breiten Zähne auf.
„Ae!!"
Über seinen Rücken war ein Frösteln gelaufen.
„So'ne Kälte!"
Er rückte sich jetzt geräuschvoll den Stuhl zurecht.
„So'ne Kälte!! Nichmal'n paar lump'je Kohlen hat das! So'ne Wirtschaft!"
Seine Socken hatte er jetzt runtergestreift, der eine war mitten auf den Tisch unter das Geschirr geflogen.
„Na?! Wülste so gut sein?!"
Sie drückte sich noch weiter gegen die Wand.
„Na! Endlich!"
Er war jetzt zu ihr unter die Decke gekrochen, die Unterhosen hatte er anbehalten.
„Nicht mal Platz genug zum Schlafen hat man!"
Er reckte und dehnte sich.
„So'n Hundeleben! Nicht mal schlafen kann man!"
Er hatte sich wieder auf die andre Seite gewälzt. Die Decke von ihrer Schulter hatte er mit sich gedreht, sie lag jetzt fast bloß da ...

Arno Holz / Johannes Schlaf: *Papa Hamlet. Ein Tod.* Mit einem Nachwort von Fritz Martini. Stuttgart: Reclam, 1994, S. 56–59.

Eisenbahn als Motiv

Heute nur noch schwer vorstellbar ist, wie sehr die Eisenbahn als neues, modernes Fortbewegungsmittel die Menschen im 19. Jahrhundert faszinierte; schnell avancierte sie daher zum literarischen Motiv. Die mit einem Mal mögliche rasche Überwindung des Raumes und das neue Erleben von Geschwindigkeit spielten dabei ebenso eine Rolle wie die Angst vor Unfällen oder Erkrankungen in Folge des Bahnfahrens. Während Heinrich

Heine 1843 in Paris die erste Verbindung zwischen Orléans und Rouen als Beginn einer neuen Epoche feierte, erschien die Eisenbahn zu Beginn des 20. Jahrhunderts im Zeichen der Lebensphilosophie mit ihrer Technik, Mechanik und ihrem auf Pünktlichkeit angelegten Fahrplan als etwas Lebensfeindliches, so in *Die Verwirrungen des Zöglings Törleß* (1906) des österreichischen Schriftstellers Robert Musil.

Moderne Technik, Eisenbahn und Mensch (Rüdiger Bernhardt, 2012)

In Hauptmanns Studie erscheinen Eisenbahn/Eisenbahnwesen bereits im Titel (Bahnwärter). Er wurde einem Trend gerecht. Kaum ein naturalistischer Dichter verzichtete auf dieses Sujet. Das Thema trat parallel mit der Entwicklung des Eisenbahnwesens in die Literatur ein und findet sich 1844 im Gedicht Luise von Plönnies (1803–1872) *Auf der Eisenbahn*, einer seinerzeit erfolgreichen und beliebten Poetin und Übersetzerin. (...)

Ein bekanntes Beispiel zu dem Thema „Eisenbahn und Mensch" wurde Theodor Fontanes Ballade *Die Brück' am Tay*. Sie geht auf ein Ereignis zurück, das in Europa Entsetzen auslöste. In der Nacht vom 28. zum 29. Dezember 1879 stürzte das Mittelstück der Eisenbahnbrücke über den Firth of Tay durch einen Sturm ein. Der auf der Brücke befindliche Zug nach Edinburgh wurde in die Tiefe gerissen; 90 Menschen, nach anderen Angaben bis zu 300, kamen ums Leben.

Fontanes Ballade, dreigeteilt wie Hauptmanns „Studie", beschreibt die Grenzen, die der menschlichen Herrschaft über die moderne Technik gesetzt sind, und hinter denen Schicksalhaftes und Gespenstisches wirkt, weil Vorgänge sich vereinigen, die zuvor nicht einmal als einzelner Vorgang gedacht worden waren. Elemente kämpfen gegen Menschenwerk, Hexen gegen Technik: Fontane beginnt und schließt seine Ballade mit einem Disput der Hexen aus Shakespeares *Macbeth*, die den Vorgang zusammenfassen und verallgemeinern: „Tand, Tand / Ist das Gebilde von Menschenhand." Es trifft zusammen, was nicht füreinander gedacht war: „Denn wütender wurde der Winde Spiel, / Und jetzt, als ob Feuer vom Himmel fiel, / Erglüht es in niederschießender Pracht / Überm Wasser unten ... Und wieder ist Nacht." Fontane verwendet für die Beschreibung der Katastrophe Feuer und Glühen; eine Bildwelt entsteht, die der Gerhart Hauptmanns vergleichbar ist. Bei ihm ist, die Katastrophe vorbereitend, ebenfalls vom „Wind" die Rede, der sich erhoben hat, und die Sonne lässt die Landschaft scheinbar brennen, die „Kiefernstämme (...) entzündeten sich gleichsam von innen heraus und glühten wie Eisen" (16). Programmatisch wirkte Julius Harts *Auf der Fahrt nach Berlin* (1882), veröffentlicht in

Anfahrender Schnellzug: Gemälde von Hans Baluschek von 1909

der Ende 1884 publizierten naturalistischen Anthologie *Moderne Dichter-Charaktere*, darin fügt er die individuelle Biografie ins Bild einer Eisenbahnfahrt und lässt das persönliche Erleben in der gesellschaftlichen Entwicklung aufgehen bzw. mit ihr kontrastieren. (...)

Eisenbahnen bedeuteten schnelle Verbindungen zwischen Orten und Ländern; durch sie konnten Menschen und Güter transportiert werden, wodurch der Handel und der Austausch von Produkten, auch geistiger Art, stieg. Selbst Veränderungen im nationalstaatlichen Zusammenleben sahen die Autoren an die Eisenbahn gebunden; Detlev von Liliencrons *Die neue Eisenbahn* und *Auf einem Bahnhof* sind Beispiele.

(...)

Der rollende Zug wurde zum Fortschrittssymbol eines allgemeinen Umbruchs im 19. Jahrhundert, der zunehmend durch wissenschaftliche und technische Entdeckungen den Menschen als Herrn der Natur erscheinen ließ. Dazu löste die zunehmende Urbanisierung die Vorherrschaft des Landes ab. Neue Berufe im Bankwesen und in der Verwaltung entstanden, andere verschwanden. Im Zusammenhang mit den Vorzügen gerieten jedoch getreu der naturalistischen Theorie vom vollständigen Abbild auch die Nachteile und die zunehmenden sozialen Widersprüche in den Blick der Autoren. So wurde der Zug auch zum Symbol des Untergangs – in Zolas *Die Bestie im Menschen* (1890), dem 17. Band der *Rougon-Macquart* – ein führerlos gewordener Zug, der Soldaten auf das Schlachtfeld bringen soll, rast ins Verderben –, und wie noch in Friedrich Dürrenmatts 1952 entstandener Erzählung *Der Tunnel* (Neufassung: 1978). Gerhart Hauptmanns künstlerisches Genie besteht darin, in die Geschichte um den Bahnwärter Thiel beide Seiten einzubringen und so ein Symbol für die Grenzen des Menschen hinsichtlich der Beherrschbarkeit der modernen Technik zu schaffen. Thiel ist verwurzelt in einem mystischen Denken des frühen 19. Jahrhunderts, abgeleitet aus der Herrnhuter Brüdergemeine, und der Romantik verwandt. Die Eisenbahn ist für ihn deshalb ein Dämon, „das schwarze, schnaubende Ungetüm" (16), die Gleise werden zu „feurigen Schlangen" (16); die Telegrafenmasten mit ihren Drähten bilden „das Gewebe einer Riesenspinne" (16). In dieser Welt ist die Erscheinung der Toten möglich, Thiel „hatte seine verstorbene Frau gesehen" (19). Was für Thiel ein Dämon ist, stellt für die Fahrgäste ein modernes Fortbewegungsmittel dar, das sie selbstverständlich und ohne Skrupel nutzen. Erst als Normalität und mystische Erscheinung im Unglück des kleinen Tobias zusammentreffen, erschrecken die Reisenden, „eine junge Frau", „ein Handlungsreisender im Fez", „ein junges Paar, anscheinend auf der Hochzeitsreise" (25). Thiels Welt und die Technik der Moderne treffen im Unglück aufeinander und verweisen auf die Grenzen der menschlichen Herrschaft. Hauptmanns Genialität liegt auch darin, die zu seiner Zeit als modernste Errungenschaft gefeierte Eisenbahn in ihrer Ambivalenz gezeigt zu haben. Auch wenn die Sicherheit, die der Mensch schafft, noch so vielfältig und umfassend ist – Thiel ist verantwortlich dafür, sie durchzusetzen und tut es nach bestem Wissen und Gewissen –, ist moderne Technik ein fragiles Gebilde, das der Willkür von Natur und Zufall ausgesetzt ist.

Rüdiger Bernhardt: *Textanalyse und Interpretation zu Gerhart Hauptmann, „Bahnwärter Thiel".* Hollfeld: C. Bange Verlag, 2012, 5. Aufl. 2020 (Königs Erläuterungen, Bd. 270), S. 86–90.

Die Verwirrungen des Zöglings Törleß (Robert Musil, 1906)

Eine kleine Station an der Strecke, welche nach Russland führt.

Endlos gerade liefen vier parallele Eisenstränge nach beiden Seiten zwischen dem gelben Kies des breiten Fahrdammes; neben jedem wie ein schmutziger Schatten der dunkle, von dem Abdampfe in den Boden gebrannte Strich.

Hinter dem niederen, ölgestrichenen Stationsgebäude führte eine breite, ausgefahrene Straße zur Bahnhofsrampe herauf. Ihre Ränder verloren sich in dem ringsum zertretenen Boden und waren nur an zwei

Historisches Bahnwärterhaus an der märkischen Eisenbahnstrecke nach Berlin

Reihen Akazienbäumen kenntlich, die traurig mit verdursteten, von Staub und Ruß erdrosselten Blättern zu beiden Seiten standen.

Machten es diese traurigen Farben, machte es das bleiche, kraftlose, durch den Dunst ermüdete Licht der Nachmittagssonne: Gegenstände und Menschen hatten etwas Gleichgültiges, Lebloses, Mechanisches an sich, als seien sie aus der Szene eines Puppentheaters genommen. Von Zeit zu Zeit, in gleichen Intervallen, trat der Bahnhofsvorstand aus seinem Amtszimmer heraus, sah mit der gleichen Wendung des Kopfes die weite Strecke hinauf nach den Signalen der Wächterhäuschen, die immer noch nicht das Nahen des Eilzuges anzeigen wollten, der an der Grenze große Verspätung erlitten hatte; mit ein und derselben Bewegung des Armes zog er sodann seine Taschenuhr hervor, schüttelte den Kopf und verschwand wieder; so wie die Figuren kommen und gehen, die aus alten Turmuhren treten, wenn die Stunde voll ist.

Robert Musil: *Die Verwirrungen des Zöglings Törleß.* Husum: Hamburger Lesehefte Verlag, HL 236, 2013, S. 5.

Zur Form

Für den Germanisten Benno von Wiese (1903–1987) ist die Eisenbahn in *Bahnwärter Thiel* ein Dingsymbol, analog zum Falken in Giovanni Boccaccios *Falkennovelle.* Den Stil von Hauptmanns „novellistischer Studie" charakterisiert der Literaturwissenschaftler Paul Böckmann als berichtende Sachprosa.

Dingsymbol Eisenbahn (Benno von Wiese, 1956)

Die novellistische Silhouette dieser Erzählung bedurfte des zentralen Dingsymbols, das im Mittelpunkt des ganzen Geschehens steht, nämlich der Eisenbahnstrecke, die zu einem gleichnishaften Ort wird, an dem sich der Einbruch des Unsichtbaren in das Sichtbare und die Auflösung einer realen und geordneten Welt ins Geisterhafte und Chaotische vollzieht. Gerade die Entmächtigung der bis ins Detail beschriebenen alltäglich-durchschnittlichen Wirklichkeit durch überwirkliche, unbewusste Mächte des Traumes, der Vision, der Seele, der Natur, mit einem Wort: des Irrationalen ist das Thema dieser Novelle, freilich nicht auf eine abstrakt gedankliche Weise, sondern in der künstlerischen Gestaltung des einmaligen Falles des Bahnwärters Thiel und der ihm gleichnishaft zugeordneten wirklich-überwirklichen Welt seiner Bahnstrecke. Darum sind auch nicht die verschiedenen Symptome und Stadien einer Krankheitsgeschichte das Entscheidende, sondern das Dingsymbol der Bahnstrecke, das in einer dreifachen Spiegelung erscheint. Einmal spiegeln sich in dieser Bahnstrecke die Seelenvorgänge des Bahnwärters und seine mystischen Neigungen, zweitens spiegelt sich in ihr und durch sie die ganze, weit mehr dämonische als idyllische Natur und drittens wird sie zum Spiegel für eine zufällige Katastrophe, die sich an diesem realen Orte vollzieht, ihre Zufälligkeit aber angesichts der beiden anderen Spiegelungen verliert und eine dunkle, höhere, schicksalhafte Bedeutung gewinnt. Die genau beschriebene Wirklichkeit des Ortes, die dort erfahrene tumultuöse Traumwelt der Seele, die ins Rätselhafte gesteigerte Großartigkeit der Naturvorgänge, schließlich das fatale Unglück und seine Folgen: Das alles lässt sich nicht etwa gesondert betrachten, als ob es unverbunden nebeneinander stände, sondern es gewinnt sein novellistisches Profil in dieser wechselseitigen, vom Künstler erst geschaffenen Erhellung der Bilder und Spiegelungen, durch die die ganze Erzählung aus dem Wirklichen ins Geisterhafte, aus dem Zufälligen ins Schicksalhafte, aus dem Psychologischen ins Mythische hinüberwächst. Gleichgültig, ob der junge Hauptmann sich dessen bewusst gewesen ist oder nicht: Als er seine erste naturalistische Novelle schrieb, hatte er das Programm des Naturalismus bereits durch eine symbolische Bildgestaltung überwunden, so wie sie damals außer ihm in Deutschland nur noch dem alten Theodor Fontane möglich war.

Benno von Wiese: *Die deutsche Novelle von Goethe bis Kafka. Interpretationen I.* Düsseldorf: Bagel, 1987, S. 271 f.

Straßenpartie bei Gosen, Neu-Zittau bei Erkner, aufgenommen 1934

Berichtende Sachprosa (Paul Böckmann, 1976)

Im Unterschied zum *Promethidenlos* herrscht [im *Bahnwärter Thiel*] eine berichtende Sachprosa vor, die noch mancherlei konventionelle Mittel benutzt, aber auch ein festes Ziel verfolgt. Im Sinne der naturalistischen Motivation der menschlichen Handlungen aus Triebhaftigkeit und Milieubestimmtheit wird ein novellistisches Ereignis und menschliches Schicksal erklärt. Man durchschaut den Aufbau der Erzählung erst vom Ende her, wo deutlich wird, wie alles Erzählte nur die Determinationen vorführt, durch die sich die Schlusskatastrophe ergibt. Der kleine Junge des Bahnwärters aus seiner ersten Ehe wird am Streckenhäuschen vom Schnellzug überfahren; der Vater ermordet daraufhin seine zweite Frau und deren Säugling und wird selber als Irrsinniger in die Charité gebracht. Diese Schrecknisse sollen erklärbar werden, und so werden uns die Menschen in ihrer dumpfen Sinnlichkeit und Hilflosigkeit geschildert, die äußeren Umstände und inneren Zustände verdeutlicht, die die Ereignisse bedingen. Es fällt kaum ein direkt erläuterndes oder ausdeutendes Wort; kein tieferer Sinnbezug wird sichtbar, sondern nur ein Geschehen in seine realen Zusammenhänge eingelagert. (...) Das sich zeigende Leben wird in allen noch so fragwürdigen Gestalten beachtenswert und auffassbar. Aber zugleich ist auffällig, dass die inneren Zustände nicht allein durch die Beachtung äußerer Zeichen verständlich werden, dass die dumpfe

BIOGRAFIE
WORT- UND SACHERKLÄRUNGEN
MATERIALIEN

Gespanntheit und sinnliche Hörigkeit des Mannes einer besonderen Verdeutlichung bedarf. Die Erzählung bedient sich des Traumes, um das aus dem Innern aufbrechende Geschehen zu erläutern und weist damit auf psychologisch hintergründigere Vorgänge.

Paul Böckmann: *Der Naturalismus Gerhart Hauptmanns*. In: Hans Joachim Schrimpf (Hrsg.): Gerhart Hauptmann. Wege der Forschung Bd. CCVII. Darmstadt: Wissenschaftliche Buchgesellschaft, 1976, S. 229 f.

Deutungen

Der Germanist Helmut Scheuer deutet die Frauenfiguren in der Novelle als männliche Projektionsfiguren und Thiels Gewaltausbruch als Reaktion auf seine sexuelle Abhängigkeit. Der Literaturwissenschaftler Rüdiger Bernhardt widmet sich dagegen der Dreiecksbeziehung und Zahlensymbolik in Hauptmanns Novelle, und der Hauptmann-Biograf Peter Sprengel erkennt in *Bahnwärter Thiel* den produktiven Höhepunkt der Büchner- bzw. *Lenz*-Rezeption Ende des 19. Jahrhunderts.

Kathartischer männlicher Reinigungsprozess (Helmut Scheuer, 1997)

Es ist wichtig zu erkennen, welche Vorstellungen von der Frau im *Bahnwärter Thiel* vermittelt werden sollen. Lene und Minna sind eindeutig Projektionsfiguren eines Mannes, der bestimmte Frauentypen gerechtfertigt sehen will: Minna ist die verklärte, entsexualisierte Heilige; Lene die sexualisierte Frau, die proletarische Version des männermordenden weiblichen ‚Vamps', (...). Dieser Frauentypus verdankt seine Existenz sowohl männlichen Wunsch- als auch Angstprojektionen. Die ersehnte und zugleich als bedrohlich empfundene weibliche Sexualität ist fast immer nur männliche Zuschreibung, die sich allein den weiblichen Körper imaginiert und deshalb gern das „Seelenlose" dieser Frauen herausstreicht – und sie damit den ‚Maschinen' angleicht. Mit einer ‚ungezügelten' Sexualität wurde schon immer das ‚Primitive' bzw. ‚Atavistische' verbunden. Wie so viele dieser aus Männerfantasien entstandenen Frauenbilder wird auch Hauptmanns Lene keineswegs als selbstbestimmtes

BIOGRAFIE WORT- UND SACHERKLÄRUNGEN MATERIALIEN

Subjekt ihrer Sexualität, sondern als Objekt des männlichen Begehrens vorgestellt. (...) Von dieser Kuhmagd gehen nämlich keine sexuellen Aktivitäten aus, es ist allein ihr Körper, der für die sinnliche Erregung des Mannes sorgt. Thiel ist derjenige, der von Leidenschaft getrieben wird (...).

Scheint sich Thiel zunächst solch brutaler Männerphilosophie zu verweigern, so zeigt sich nach Tobias Tod auf den Bahngleisen, dass auch er von solchen Gewaltfantasien beherrscht wird (...).

Solchen imaginierten Bestrafungsaktionen folgt dann die Tat: der Mord an Lene und dem gemeinsamen Säugling. Was als Tat eines von Gewissensbissen geplagten Vaters erscheint, der sich an einer herzlosen Stiefmutter rächt, ist mehr noch die brutale Abrechnung eines in seiner Mannesehre tief verletzten Ehemannes. Im Typus Lene wird jene Frau bestraft, die den Männern die alte Herrschaftsrolle streitig zu machen scheint. Der Mord erscheint als ein kathartischer Kraftakt, mit dem die verloren gegangene männliche Souveränität restituiert wird. Aber in Wirklichkeit vollzieht sich dadurch erst die eigentliche Tragik des Mannes, regrediert doch der männliche Täter zu einem kindlichen „Irrsinnigen" [32]. Der Leser soll diese Tragik offensichtlich Lene anlasten, denn diese ist als charakterliches Gegenmodell zu Thiel entworfen worden: ihre „harte, herrschsüchtige Gemütsart, Zanksucht und brutale Leidenschaftlichkeit" [6] wird gegen sein „kindgutes, nachgiebiges Wesen" [7] gestellt (...). (...) Wer wie Thiel „Ekel" [8] und „tiefe Scham" [18] empfindet, weil er sich der „Macht roher Triebe" [7] ausgeliefert sieht, wird die Schuld gern bei der angeblich „verführerischen" Frau suchen, die sich scheinbar schamlos anbietet und erobert sein will. Dass es sich dabei – bei Hauptmann und den meisten anderen Autoren auch – fast immer um Frauen der Unterschichten handelt, wirft ein bezeichnendes Licht auf die bürgerlichen Autoren. (...) Die Tötung solcher die männliche Vormacht gefährdenden Frauentypen erscheint dann als kathartischer männlicher Reinigungsprozess, ist aber wohl eher ein Akt des Selbsthasses, eine brutale Reaktion auf die als demütigend empfundene sexuelle Abhängigkeit und schließlich auch der (untaugliche) Versuch, die eigene Sexualität zu verleugnen.

Helmut Scheuer: *Gerhart Hauptmann, Bahnwärter Thiel*. In: Interpretationen. Erzählungen und Novellen des 19. Jahrhunderts. Bd. 2. Erw. Ausg. Stuttgart: Reclam, 1997, S. 371–426, hier: S. 404–406, 408 f., 411 f.

Dreiecksbeziehung und Zahlensymbolik (Rüdiger Bernhardt, 2012)

Das thielsche Konstrukt, sich mit zwei Frauen – der toten Minna und der lebendigen Lene – einzurichten, die gleichzeitig Vergangenheit und Gegenwart, Geistigkeit und Sinnlichkeit, Himmel und Hölle ahnen lassen, weist auf eine Sehnsucht Hauptmanns hin, für die gleichzeitige Neigung zu zwei Frauen eine Lösung zu schaffen. 1887 gab es erste Krisenerscheinungen in der jungen Ehe mit Marie, die sich wiederholten; 1889 traf er erstmals Margarete Marschalk; die 1893 seine Geliebte wurde. Es kam zu einer komplizierten Trennungszeit und 1904 zur Scheidung, aber Marie beschäftigte ihn fortwährend weiter. Von Beginn an quälte sich Hauptmann mit Lösungen, mit zwei Frauen zu leben. Eine Ehe zu dritt erschien ihm möglich; der Graf von Gleichen[2], dessen Grabdenkmal mit zwei Frauen im Erfurter Dom steht, wurde für Hauptmann das immer wiederzitierte Beispiel. 1897 verdichtet es sich zum „Stoff", im *Buch der Leidenschaft* wird es mehrfach erwähnt (...) und im Tagebuch 1905, erneut mit zwei Frauen konfrontiert, bekennt er: „Wie lange habe ich das Gleichenproblem gewälzt! Wie ist fast jede Einzelheit des Problems von mir erlebt, erlitten, durchdacht worden!" (25. August). Ein „Leben zu dreien auf eine edle und harmonische Weise" in einem „durch weite Mauern abgeschlossenen alten Herrensitz" schien die Lösung des „Gleichen-Problems" (...) zu sein. Sie trat nicht ein; *Bahnwärter Thiel* war ein erstes, noch sehr vorsichtiges literarisches Beispiel für einen solchen Versuch, der bereits in der reduzierten Form scheiterte. (...)

Eine besondere Rolle im *Bahnwärter Thiel* spielt die Zahl Drei, die mit der Aufzählung der charakteristischen Schwächen Lenes eingeführt (6) und zur Zahlensymbolik wird: Sie zielt in Hauptmanns *Bahnwärter Thiel* auf symbolische Überhöhung von Gefahren und auf epische Vorwegnahmen bedrohlicher Situationen. – Die Drei ist eine mythisch bedeutsame Zahl; viele Religionen gehen mit ihr um (Dreieinigkeit, Hindu-Trinität; Lebensabschnitte: Geburt – Leben – Tod; Dreizack Neptuns usw.), in Abzählreimen („Ich zähle bis drei ...") und natürlichen Grundstrukturen (Vater – Mutter – Kind) ist sie präsent. Die naturalistische Widerspieglungstheorie sieht indessen derartige symbolische Vorgänge in den Texten nicht vor. Hauptmann überschreitet mit dem Einsatz der Zahlensymbolik naturalistische Prinzipien.

2 Eine Sage aus Thüringen, in der sich ein Graf auf einen Kreuzzug begibt und seine Frau zurücklässt und der bei seiner Rückkehr die Tochter des Sultans als zweite Ehefrau mitbringt. Nicht nur der Papst gibt dem Grafen die offizielle Erlaubnis für seine Bigamie, auch die beiden Frauen vertragen sich auf das Beste.

Die Zahl Drei wirkt in allen Bereichen: Formal hat der Gesamttext drei Abschnitte; die Beschreibung der ersten Ehe wird in drei Abschnitten abgetan. In der Personenkonstellation lebt Thiel in einer Dreierbeziehung (Minna – Thiel – Lene). Thiels Biografie weist die Dreizahl aus: Er war zweimal krank, beim dritten Mal wird er wahnsinnig. Es gibt drei Tote: Tobias, Lenes Kind und Lene. Tobias stirbt im dritten Lebensjahr. Im Dienst gab es drei besondere Vorkommnisse (Kaiserlicher Zug, überfahrener Rehbock, Weinflasche). Der Unfall ereignet sich bei der dritten dem Leser gebotenen Durchfahrt eines Zuges (15 ff., 19 f., 24). Auch im Übersinnlichen wird die Drei eingesetzt: Auf Thiels Hausaltar, dem Tisch im Bahnwärterhaus, liegen drei Dinge: das Foto Minnas, „Gesangbuch und Bibel" (8). Wie bei einer Teufelsaustreibung ruft Lene dreimal zu Tobias „pfui" und dreimal spuckt sie vor Tobias aus (13 f.). Die Drei wird schließlich zum Warnsymbol: Mit „drei schrillen Schlägen" (15) wird ein Zug gemeldet; vor dem Unfall wird dreimal Dampf ausgestoßen („ein – zwei – drei", 24) und „Dreimal hintereinander" „grell, beängstigend" (24) gepfiffen. Durch die Drei wird das Geschehen mythisch überhöht und einem determinierenden Schicksal unterstellt, dem der Mensch hilflos ausgesetzt ist.

Rüdiger Bernhardt: *Textanalyse und Interpretation zu Gerhart Hauptmann, „Bahnwärter Thiel".* Hollfeld: C. Bange Verlag, 2012, 5. Aufl. 2020 (Königs Erläuterungen, Bd. 270), S. 90–92.

Produktiver Höhepunkt der *Lenz*-Rezeption (Peter Sprengel, 2012)

(...) unbestritten stellt Hauptmanns *Bahnwärter Thiel* den produktiven Höhepunkt der *Lenz*-Rezeption des 19. Jahrhunderts dar. Und zwar in beiden Belangen, die Gutzkows frühe Würdigung von Büchners Erzählung umfasst: „Welche Naturschilderungen! Welche Seelenmalerei!" Die „novellistische Studie aus dem märkischen Kiefernforst", die im Manuskript noch den Titel *Im Waldwinkel* trug, bezieht einen Großteil ihrer Faszination aus der poetischen Suggestionskraft, mit der hier die Einsamkeit der märkischen Wälder – in der Abenddämmerung etwa oder zu nächtlicher Stunde – beschrieben wird. Diese „Naturschilderung" stellt jedoch keinen Selbstzweck, sondern einen direkten Beitrag zur „Seelenmalerei" dar. Unabhängig von der variierenden erzähltechnischen Einbettung macht sie uns mit den geheimen Spannungen und Abgründen in der Psyche des Bahnwärters vertraut.

Die Verknüpfung von Landschaftswahrnehmung, mythischen Fantasiewelten und Eisenbahn-Motivik hatte Hauptmann vorher schon im Gedicht *Im Nachtzug* erprobt – mit programmatischem Tenor im Geiste des Frühnaturalismus. Die Hinwendung zur Technik geht dort zwanglos in eine Poetik des sozialen Mitleids über (...).

In der Novelle erfährt die Bahn eine starke strukturelle und symbolische Aufwertung. Sie verkörpert die technische Moderne im Gegensatz zur Natur und als Bedrohung des Menschen, verbildlicht aber auch die vitalen Zwänge und psychischen Prozesse, die die Existenz des Protagonisten determinieren. Wie in Büchners *Woyzeck* wird ein Subalterner in seiner Abhängigkeit von einem dienstlichen Ordnungssystem und als Getriebener der Leidenschaft gezeigt; Thiels Verhältnis zu seiner zweiten Frau Lene trägt alle Zeichen sexueller Hörigkeit. In seinem aggressiven Ausbruch – der brutalen Ermordung Lenes und ihres Sohns – entlädt sich die Gewalt, die dem Wärter von Anfang an von den vorbeibrausenden Zügen, von Lene selbst (die seinen Sohn aus erster Ehe misshandelt) und schließlich durch den Unfalltod des kleinen Tobias angetan wird.

Peter Sprengel: *Gerhart Hauptmann. Bürgerlichkeit und großer Traum. Eine Biographie.* München: Verlag C. H. Beck, 2012, S. 135.

Zur Wirkungsgeschichte

Welch enthusiastische Reaktionen *Bahnwärter Thiel* bei Erscheinen 1888 gerade unter der jungen Generation auslöste, bezeugt die österreichische Schriftstellerin und Kritikerin Marie Herzfeld (1855–1940), die zum literarischen „Jungen Wien" gehörte, in einem Brief an Gerhart Hauptmann vom 19. Juli 1890. Michael Georg Conrad (1846–1927), der Kopf der Münchner Naturalisten und Herausgeber der Zeitschrift *Die Gesellschaft*, erinnerte sich später an die Leserreaktionen, die auf das Erscheinen von Hauptmanns Novelle folgten. Während *Bahnwärter Thiel* auch bei dem Journalisten und Kunsthistoriker Ludwig Goldstein (1967–1943) Begeisterung erweckte, wunderte sich der sozialdemokratische Journalist, Theoretiker und Politiker Eduard Bernstein (1850–1932) über Gerhart Hauptmanns Faszination für psychopathische Zustände und den sich in der Novelle manifestierenden Pessimismus.

Ich glaube, wir bekommen eine neue deutsche Literatur! (Marie Herzfeld, 1890)

Hochgeehrter Herr!

Diese Zeilen sollen nichts sein als ein Gruß aus Österreich, Ihnen Botschaft bringen, dass Sie Bewunderer haben, noch nicht den großen, blinden, staunenden Haufen, aber Menschen, die sich in Ihre Werke hineingelesen und aus Ihrer Seele heraus dieselben zu verstehen trachten, nicht viele Leser, aber gute. Als ich vor Jahren Ihren *Bahnwärter Thiel* in der *Gesellschaft* fand, jubelte ich, und seither habe ich Ihren Namen nicht vergessen. Damals schrieb ich an dänische Freunde: „Ich glaube, wir bekommen eine deutsche Literatur!"

Brief vom 19. Juli 1890, in: Gerhart Hauptmann: *Notiz-Kalender 1889 bis 1891*. Hrsg. v. Martin Machatzke. Frankfurt am Main, Berlin, Wien: Propyläen, 1982, S. 277.

Von vollendeter künstlerischer Ruhe (Michael Georg Conrad, 1902)

Im Frühling 1887 erhielt ich Gerhart Hauptmanns erstes Novellen-Manuskript aus Zürich zugeschickt. Es war der *Bahnwärter Thiel* [!], eine blutige Familiengeschichte aus der märkischen Kiefernheide. Manuskript wie Begleitbrief waren von der Hand des Dichters sehr sorglich in lateinischer Schrift auf große Folioseiten geschrieben. Jedes Blatt mit dem Trockenstempel: „Gerhart Hauptmann" abgestempelt. Wie das Äußere, so war der Inhalt: von vollendeter künstlerischer Ruhe, Sicherheit und Sorgfalt. Aus dem Leserkreise erhielt ich bald begeisterte Zuschriften: Man habe seit Zola keine bessere Novelle in Deutschland gelesen. Die Technik des Vortrages sei verblüffend. Von herzlicher Freude teilte ich Hauptmann die Wirkung seiner ersten Novelle mit.

Michael Georg Conrad: *Von Émile Zola bis Gerhart Hauptmann. Erinnerungen zur Geschichte der Moderne.* Leipzig: Hermann Seemann Nachfolger, 1902, S. 78.

Etwas Neues bei den Deutschen (Ludwig Goldstein, 1922)

(…) Da fällt plötzlich das Auge auf das Bild einer Eisenbahnstrecke in der Dämmerung – es sind nur Worte, doch wieder nicht Worte. Es ist poetisch durchleuchtete, greifbare Gegenständlichkeit. Etwas Neues, wie es einem kaum begegnet ist. Etwas Neues bei den Deutschen; drüben war ich es bei Zola längst gewohnt, aber der Franzose blieb für mich immer Franzose. Hier war einer, der uns näherstand, Fleisch von unserem Fleisch, Blut von unserem Blut. Es war wie ein vorgeahndet Stück aus Zolas Eisenbahnroman – und doch mehr!

Ludwig Goldstein: *Erinnerungen eines Lesers*. In: Ludwig Marcuse (Hrsg.): Gerhart Hauptmann und sein Werk. Berlin und Leipzig: Schneider, 1922, S. 104 f.

Szene aus einer Theaterinszenierung nach Hauptmanns Novelle am Maxim-Gorki-Theater Berlin 2012

Niederdrückende Wirkung (Eduard Bernstein, 1893)

(…) Die moralische Impotenz Thiels, zu der der schließliche Paroxysmus [Fieberanfall] wiederum in natürlichem Zusammenhange steht, ist der Kernpunkt der Erzählung. Sie ist durchaus wahr geschildert – Fälle, wo sich in einem herkulischen Körper eine zaghafte, jeder energischen Einwirkung gegenüber fast widerstandsunfähige Seele befindet, gehören durchaus nicht zu den Seltenheiten. In dieser Hinsicht ist an Hauptmanns Charakteristik nichts auszusetzen. Und ebenso wenig an seiner Darstellung. Sie ist einfach und doch höchst wirkungsvoll. Hauptmann versteht es, mit wenigen Worten viel zu sagen, und genau in dem Maße, wie die sinnliche Entwicklung sich in Thiel vollzieht, wird die Schilderung Hauptmanns mehr ins Einzelne gehend, impressionistischer.

Nur ein Bedauern können wir bei dieser Gelegenheit nicht unterdrücken. *Bahnwärter Thiel* ist wirkungsvoll, wiederholen wir, höchst wirkungsvoll, aber – die Wirkung, die er erzielt, ist eine ungemein niederdrückende. (…) Hauptmann hätte seine Skizzen auch psychopathische Studien nennen können, psychopathische Studien in novellistischer Form. Nun steht es dem Dichter gewiss frei, seinen Stoff nach seinem Belieben zu wählen, soweit derselbe nur das Interesse zu erwecken, unser Herz zu bewegen vermag. Und dass dazu die menschliche Seele in ihren verschiedenartigen Manifestationen, je nachdem also auch in ihren Krankheitszuständen, in hohem Grade gehört, wird niemand bestreiten wollen. Dennoch – wie kommt es, dass ein Dichter von der Begabung Hauptmanns mit so großer Vorliebe immer und immer wieder sich auf die Schilderung kranker Seelen und seelische Erkrankungen verlegt, mit Vorliebe Schwächlinge oder dem Wahnsinn nahe, in dem Wahnsinn naher Verfassung sich befindende Persönlichkeiten schildert? Bietet unser Zeitalter wirklich nichts, was der Aufgabe eines Dichters würdiger wäre – zumal eines Dichters, der in dem größten Kampf der Epoche auf der Seite der Kämpfer für eine neue Gesellschaft steht? Dieser große Kampf, der täglich sich hoffnungsvoller gestaltet, und dieser pessimistische Zug – in welch krassem Gegensatz stehen sie zueinander. Wenn die „modernen" Dichter der alten Gesellschaft Pessimisten sind und sich in der Grübelei über die Schwächen der menschlichen Seele gefallen, so ist das wohl begreiflich und der Situation ihrer Klasse angemessen. Aber ein Dichter der neuen Zeit – und wir möchten Hauptmann gern einen solchen nennen – sollte mit anderen Augen sehen als sie. Er braucht die individuellen Schwächen nicht zu ignorieren, gewiss nicht, aber sie sollten ihn nicht so in Anspruch nehmen, dass er über sie das Gesunde, das unsere Zeit bietet, zu vergessen scheint. Der Dichter ist mehr als ein bloßer Kliniker.

Es ist nicht das Bedürfnis, Lob mit Tadel zu vermischen, das uns diese letzten Sätze schreiben lässt. Aber wir haben mit Bedauern gesehen, dass Verehrer Hauptmanns im Übereifer fast mehr noch als das, was ihn wirklich vor anderen jüngeren Dichtern auszeichnet, allerhand recht Unwesentliches und zum Teil sogar Verfehltes oder auf Irrwege Leitendes, was sich in seinen ersten Publikationen findet, hochpriesen. (...)

E. B. (vermutl. Eduard Bernstein): *Zwei Novellen von Gerhart Hauptmann*. In: Die neue Zeit Jg. 11/1893, H. 1, S. 107–112, hier: S. 111 f.